2021-2022
8e édition

# L'essentiel de la BANQUE



Catherine Karyotis

Gualino
un savoir-faire de Lextenso

**LES CARRÉS**

Cette collection de livres présente de manière synthétique, rigoureuse et pratique l'ensemble des connaissances que l'étudiant doit posséder sur le sujet traité. Elle couvre :

- le Droit et la Science Politique,
- les Sciences économiques,
- les Sciences de gestion,
- les concours de la Fonction publique.

**Catherine Karyotis**, docteur HDR en sciences de gestion, est Professeur de finance à NEOMA Business School - Campus de Reims où elle dirige le Mastère Spécialisé Analyse Financière Internationale et le programme Objectif Manager en Executive Education.

**Du même auteur, chez le même éditeur :**

**Collection « Carrés Rouge »**

- L'essentiel de la Bourse et des marchés de capitaux, 9e éd. 2021-2022.
- L'essentiel du Private Equity et des LBO, 5e éd. 2020 (en coll. C. Bouteiller).




1, Parvis de La Défense
92044 Paris La Défense Cedex
ISBN 978-2-297-13417-0

# PRÉSENTATION

Les banques sont le passage obligé du financement d'une économie. Sans les banques, pas de financement ; sans financement, pas de capacité d'investissement des entreprises car l'autofinancement ne suffit plus. Sans les banques, pas de support pour accueillir l'épargne des ménages.

Pour ne parler que de la France, selon la Fédération Bancaire Française (FBF), 99 % des Français ont un compte bancaire, représentant 78 millions de comptes répartis sur 37 837 agences bancaires et 53 316 guichets automatiques et distributeurs de billets en 2019.

Le taux d'épargne des Français reste élevé, il atteint 15,7 % en 2020, contre 14,3 % en 2020. Aussi, l'encours total des dépôts à vue atteint-il 2 554 Mds € en France, chiffre inédit comparé aux crédits ; les banques ont accordé 2 758 Mds € de crédits à l'économie en 2020. En matière de gestion de moyens de paiement, on relève 23 milliards d'opérations de paiement, 75 millions de cartes de paiement en France pour effectuer la moitié des paiements. On dénombre 9 millions de paiements sans contact par jour en 2019 !

Finalement, le secteur bancaire fait état de 360 000 salariés fin 2020 (contre 370 300 en 2017), contribuant à 2,4 % de la valeur ajoutée produite en France (contre 2,5 % en 2017).

Les banques sont bousculées depuis plusieurs années. Comme le précise Paul de Leusse, patron d'Orange Bank, dans son article « *After Banking* » (Journal du Net du 28 février 2020), « La banque classique a disparu. [...] Il s'agit d'inventer un modèle de banque qui soit en phase avec l'aspiration des clients à une consommation plus économe, plus responsable, numérique et collaborative ».

Tout est donc à construire, et aujourd'hui davantage encore que les années précédentes, face au nouveau risque apparu à l'échelle mondiale, la pandémie de la Covid-19. Le 26 mars 2020, le Directeur Général de l'Organisation Mondiale de la Santé (OMS) déclarait : « Nous sommes en guerre contre un virus qui menace de nous déchirer, si nous laissons faire. [...]

Nous traversons une crise mondiale à laquelle il faut opposer une riposte mondiale ». Il continuait son discours en interpellant les chefs d'États : « Luttez, unissez-vous, soyez des catalyseurs ». Les banques font partie des catalyseurs. La finance est aujourd'hui la solution pour relancer les économies. En atteste l'Accord de Place signé le 19 octobre 2020 délivrant le label « Relance » qui permet aux acteurs de tracer leurs investissements à destination des fonds propres des PME et ETI notamment pour une meilleure allocation vers des financements à long et moyen termes.

Dans cet ouvrage, nous présentons les ***éléments de base du système bancaire français***. Le Chapitre 1 expose le ***rôle (historique) d'une banque*** dans une économie, à savoir la collecte des dépôts et l'accord des crédits et la gestion des moyens de paiement, qui n'est autre que le métier historique d'intermédiation des banques puis il aborde leur rôle dans la création monétaire.

Le Chapitre 2 replace ***les établissements financiers dans l'environnement macroéconomique et réglementaire français***. À cette fin, il part de la loi du 24 janvier 1984 dite *Loi Bancaire* pour présenter ensuite les autorités de tutelle tant françaises qu'européennes et internationales et termine sur le rôle des banques en économie de marché. Il conclut par la loi du 26 juillet 2013 dite *Loi de séparation et de régulation des activités bancaires* et la naissance de l'Europe bancaire dernièrement mise à jour en 2018 avec ce qu'on appelle le « ***Paquet bancaire*** ».

Le Chapitre 3 montre que ***les risques sont nombreux dans les métiers bancaires*** au point de constituer une « constellation » et rappelle, malgré la crise financière, combien l'activité bancaire est réglementée *via* les ratios qu'on appelle Bâle I, II et III et suite. À titre d'exemple, le Boston Consulting Group a relevé 51 600 changements de la réglementation bancaire dans le monde (chiffres repris par la FBF, 2016).

Le Chapitre 4 aborde quelques ***éléments comptables pour expliquer en quoi un bilan de banque est inversé par rapport à celui d'une société classique***, pourquoi le compte de résultat est systématiquement présenté sous la forme des soldes intermédiaires de gestion et fait enfin état de quelques indicateurs financiers tels que le fameux RoE – *Return on Equities*.

Le Chapitre 5 retrace l'historique de la ***crise financière démarrée aux USA en 2007*** qui s'est ensuite transformée en une crise des dettes souveraines dont les stigmates sont encore présents. Plus encore, il expose la réplique des autorités bancaires pour aider la sphère économique et financière à faire face à la pandémie de la Covid-19 puis à reconstruire un monde d'après.

Le Chapitre 6 montre pourquoi et comment les ***business models des banques*** sont en cours de modification, plus particulièrement encore depuis l'arrivée de nouveaux entrants, ***Fintech*** ou encore ***neo-banques***.

Enfin le Chapitre 7 reprend les principaux termes qu'il expose sous forme d'un ***glossaire***.

Et si l'ouvrage démarre par une explication qui s'assimile à un cas d'école pour expliquer le fonctionnement global d'une banque, il se termine par les grands enjeux bancaires et financiers actuels pour conclure sur la nécessité absolue de remettre la finance au service de l'économie et des hommes.

Le livre s'adresse donc à toute personne, étudiant, citoyen ou nouveau collaborateur de banque qui cherche à comprendre les méandres d'un monde si souvent décrié à cause d'un amalgame trop rapide fait depuis la crise financière, et pourtant si indispensable à tout progrès économique. Il tente tout simplement de ***rendre lisible un univers trop complexe pour le non-initié, de démythifier l'un des acteurs essentiels du système financier mondial***.

Depuis 2020, les banques doivent assister les économies pour repartir après la crise sanitaire, mais le monde d'après doit amener à un changement de paradigme, ou plus simplement de logiciel ; les banques doivent obligatoirement être au service de l'économie réelle, de la société et de la planète.

Philippe Brassac, président de la FBF, déclarait le 6 avril 2021 : « Depuis le début de la crise sanitaire, les banques françaises adaptent leurs solutions pour répondre aux besoins de tous. Par le Plan Garanti par l'État (PGE), elles ont montré leur capacité à conjuguer dispositif massif et solution sur mesure. C'est aussi cela qui guidera les choix de remboursement : trouver, dans un cadre commun, la solution la meilleure pour chacun. La confiance est essentielle, et les entreprises peuvent compter sur les banques pour les accompagner jusqu'à la sortie de cette crise et dans leur relance. »

Si les banques ont été au cœur de la tourmente de la crise financière, elles sont aujourd'hui un des acteurs essentiels du monde d'après.

# PLAN DE COURS

## Liste des principales abréviations

| | |
|---|---|
| ABCP | *Asset Backed Commercial Paper* |
| ABE | Autorité bancaire européenne |
| ABS | *Asset Backed Securities* |
| ACPR | Autorité de contrôle prudentiel et de résolution |
| ALM | *Assets Liabilities Management* |
| AMF | Autorité des marchés financiers |
| API | *Application Programming Interface* |
| BCE | Banque centrale européenne |
| BCN | Banque centrale nationale |
| C. mon. fin. | Code monétaire et financier |
| CDO | *Collateral Debt Obligation* |
| CDS | *Credit Default Swap* |
| CET 1 | *Common Equity Tier One* |
| CRD | *Capital Requirement Directive* |
| CRR | *Capital Requirement Regulation* |
| EONIA | *Euro Overnight Interest Average* |
| EURIBOR | *Euro Interbank Offered Rate* |
| FBF | Fédération bancaire française |
| FCT | Fonds commun de titrisation |
| FED | *Federal Reserve Bank* |
| FESF | Fonds européen de solidarité financière |
| FICP | Fichier des incidents de remboursement des crédits |
| FMI | Fonds monétaire international |
| FP | Fonds propres |
| GSE | *Government Sponsored Enterprises* |
| IFRS | *International Financial Reporting Standards* |
| IS | Impôt sur les sociétés |
| LCR | *Liquidity Coverage Ratio* |
| LDD | Livret de développement durable |
| LEP | Livret d'épargne populaire |
| LIBOR | *London Interbank Offered Rate* |
| LTRO | *Long Term Refinancing Operation* |
| MBS | *Mortgage-Backed Securities* |
| MES | Mécanisme européen de solidarité |

| | |
|---|---|
| MRO | *Main Refinancing Operation* |
| MSU | Mécanisme de supervision unique |
| NSFR | *Net Stable Funding Ratio* |
| OMT | *Outright Monetary Transaction* |
| OPCVM | Organisme de placement collectif en valeurs mobilières |
| PDCF | *Primary Dealer Credit Facility* |
| PELTRO | *Pandemic Emergency Longer-Term Refinancing Operation* |
| PIB | Produit intérieur brut |
| PMI | *Purchasing Managers Index* |
| PNB | Produit national brut |
| PPR | Prêt participatif relance |
| PTZ | Prêt à taux zéro |
| QE | *Quantitative Easing* |
| RAROC | *Risk Adjusted Return on Capital* |
| REFI | Taux de refinancement |
| ROA | *Return on Assets* |
| ROE | *Return on Equities* |
| ROI | *Return on Investment* |
| RTGS | *Real Time Gross Settlement System* |
| SCF | *Sepa Card Framework* |
| SCT | *Sepa Credit Transfert* |
| SDD | *Sepa Direct Debit* |
| SEBC | Système européen des banques centrales |
| SEPA | *Single Euro Payments Area* |
| SMP | *Securities Markets Program* |
| SPV | *Special Purpose Vehicle* |
| SWIFT | *Society for Worldwide Interbank Financial Telecommunication* |
| TAF | *Term Auction Facilities* |
| TARGET | *Trans-European Automated Real-time Gross Settlement Express Transfer System* |
| TCN | Titre de créance négociable |
| TLTRO | *Targeted Longer-Term Refinancing Operation* |
| TSLF | *Term Securities Lending Facilities* |
| TVA | Taxe sur la valeur ajoutée |

## Introduction

# Une banque démarre son activité sans un euro de dépôt

Le cas présenté ci-après permet de comprendre le fonctionnement général d'une banque mais reste un cas d'école purement théorique.

Imaginons deux individus : l'un, nommé B, souhaitant démarrer une activité de banque en vue de prêter à l'économie, l'autre, nommé E, désirant se constituer entreprise afin de produire un bien donné.

Les étapes sont les suivantes :

- *E vient solliciter B pour obtenir un prêt de 10 000 € ;*
- *B se constitue banque et démarre son activité avec un prêt de 10 000 € à son premier client E. L'enveloppe de 10 000 € que B prête à E représente un emploi à inscrire à son bilan.*

*Quelles ressources B peut-il mettre en face de son emploi ?*

E voulant le remercier de ce prêt ouvre un compte de dépôt chez B.

Le bilan de B est équilibré, l'activité bancaire peut démarrer.

Son bilan se présente ainsi :

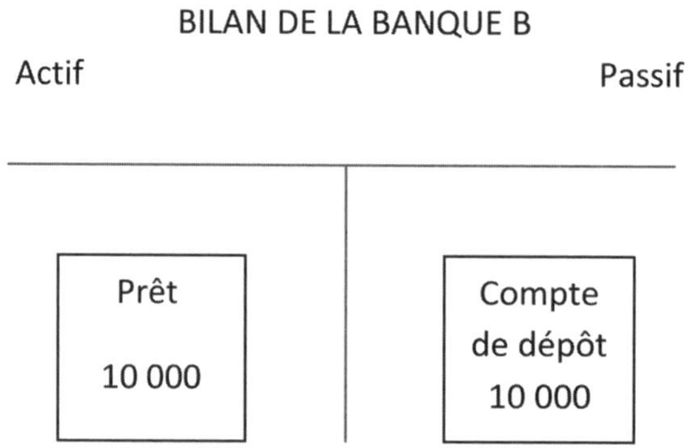


*Imaginons cependant que E ne veuille pas ouvrir de compte chez B.*

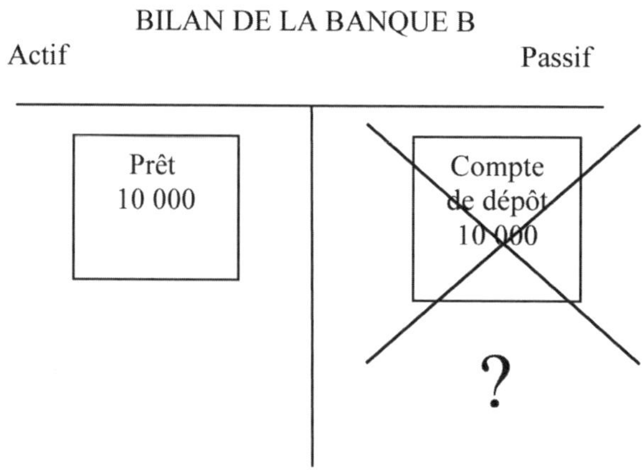


*On parle de fuite bancaire.*

B doit chercher d'autres ressources : où va-t-il les trouver ?
- *auprès de ses actionnaires ;*
- *auprès du marché obligataire ;*
- *auprès d'autres banques ;*
- *auprès de la banque centrale.*

BILAN DE LA BANQUE B

| Actif | Passif |
|---|---|
| Prêt 10 000 | Actionnaires 800 |
| | Marché obligataire 1 200 |
| | Autres banques 7 000 |
| | Banque Centrale 1 000 |
| **TOTAL = 10 000** | **TOTAL = 10 000** |

***Puis la banque développe son activité***, elle va conquérir d'autres clients qui apportent alors des ressources supplémentaires en matière de dépôts ; la banque pourra ensuite prêter aux autres banques et l'activité est définitivement lancée.

**BILAN DE LA BANQUE B**

| Actif | Passif |
| --- | --- |
| Prêt 10 000 | Actionnaires 800 |
| | Marché obligataire 1 200 |
| Prêt nouveau 5 000 | Autres banques 7 000 |
| | Banque Centrale 1 000 |
| | Nouveaux comptes de dépôts 5 000 |
| **TOTAL = 15 000** | **TOTAL = 15 000** |

*Et ainsi de suite...*

Ce sont tous ces principes et ces techniques qui sont expliqués ci-après.

Bien évidemment, ce cas est un cas purement d'école : une banque ne peut pas démarrer son activité sans capital préalable ; un manager ne peut se prévaloir directeur ou président de banque sans avoir prouvé son identité à la Banque de France...

# Chapitre 1

# Banque et économie

*Une opération de banque consiste à collecter des fonds et à accorder des crédits tout en proposant et gérant des moyens de paiement pour la clientèle. C'est le métier historique de la banque qui va, si les dépôts ne suffisent pas à financer les crédits, chercher un refinancement auprès de la banque centrale ou des autres banques sur le marché interbancaire, créant alors de la monnaie.*

## 1 La notion d'établissement de crédit

L'article 1 de la loi bancaire, repris par l'article L. 311-1 du Code monétaire et financier, définit un ***établissement de crédit*** comme « une personne morale qui effectue à titre de profession habituelle des opérations de banque ».

On appelle ***opération de banque*** :
- la réception des fonds du public ;
- les opérations de crédit ;
- la mise à disposition et la gestion des moyens de paiement.

En matière de réception de ***fonds*** du public, sont considérés comme tels les fonds qu'une personne recueille d'un tiers, notamment sous forme de dépôts, avec le droit d'en disposer pour son propre compte, mais charge à elle de les lui restituer (C. mon. fin., art. L. 312-2).

Une opération de ***crédit*** est un acte par lequel une personne agissant à titre onéreux met ou promet de mettre des fonds à la disposition d'une autre ou prend, dans l'intérêt de celle-ci, un engagement de signature tel qu'un aval, un cautionnement ou une garantie (C. mon. fin., art. L. 313-1).

Sont considérés comme ***moyens de paiement***, tous les instruments qui permettent à toute personne de transférer des fonds (C. mon. fin., art. L. 311-3).

Cette notion d'opération de banque a toute son importance car, d'une part, les ***établissements de crédit et les sociétés financières en ont le monopole*** et, d'autre part, elle permet de classifier les établissements en fonction de leur habilitation à faire toute opération de banque ou pas. Notons cependant que ledit monopole est progressivement remis en cause, demandant aux établissements de crédit de réviser leur modèle. Citons, à titre d'exemple, les fonds européens d'investissement à long terme (ELTIF) créés par le règlement européen du 29 avril 2015 et entré en vigueur le 9 décembre 2015. Ces fonds ELTIF ont pour objectif d'apporter des financements long terme à des entreprises non cotées, des PME cotées, ou encore à destination de projets d'infrastructure. Très précisément, seule la réception de fonds remboursables du public entre dans la définition du monopole bancaire au sens de la législation européenne (CRD IV).

Par-delà cette notion d'opération de banque, les établissements de crédit peuvent exercer d'autres activités, pour lesquelles ils n'ont pas le monopole, activités qualifiées de ***connexes***, parmi lesquelles on note :

- les opérations de change ;
- les opérations sur or, métaux précieux et pièces ;
- le placement, la souscription, l'achat, la gestion, la garde et la vente de valeurs mobilières et de tout produit financier ;
- le conseil et l'assistance en matière de gestion de patrimoine ;
- le conseil et l'assistance en matière de gestion financière, l'ingénierie financière et, d'une manière générale, tous les services destinés à faciliter la création et le développement des entreprises, sous réserve des dispositions législatives relatives à l'exercice illégal de certaines professions ;
- les opérations de location simple de biens mobiliers ou immobiliers pour les établissements habilités à effectuer des opérations de crédit-bail ;
- les services permettant le versement d'espèces sur un compte de paiement et les opérations de gestion d'un compte de paiement, les opérations de paiement tels que les prélèvements et les paiements par carte et virements ;
- l'émission d'instruments de paiement et/ou acquisition d'ordres de paiement ;
- les services de transmission de fonds ;
- l'émission et la gestion de monnaie électronique (C. mon. fin., art. L. 311-2).

## 2 Intermédiation et activités de financement

L'*intermédiation* est le métier historique de base des banques.

Une banque collecte des fonds au travers de l'activité appelée de ***dépôts*** qu'elle va ensuite prêter au travers de son activité dite de ***crédit***. Si les encours de crédits excèdent le montant des dépôts, la banque va se refinancer au travers du marché interbancaire qui fait partie du marché monétaire.

### ■ *Le compte*

#### a) Le droit au compte

Toute personne domiciliée en France, sans compte de dépôt, et qui a fait l'objet d'un refus d'ouverture de compte de dépôt par une banque, a le droit de demander à la Banque de France de désigner un établissement financier pour bénéficier d'un compte de dépôt et du service bancaire de base gratuit associé au ***droit au compte***. La banque, qui refuse d'ouvrir un compte à un particulier, peut lui proposer d'effectuer à sa place les démarches auprès de la Banque de France pour bénéficier du droit au compte. Une convention de compte doit être signée.

Dans le cadre du droit au compte, le titulaire du compte a droit à un ***service bancaire de base*** qui comprend l'ouverture, la tenue et la fermeture du compte, l'édition de relevés d'identité bancaire, les dépôts et retraits d'espèces (dans l'agence gérant le compte), l'encaissement de chèques et de virements et une carte de paiement.

#### b) Les différents types de comptes

On recense deux grands types de comptes :

- un ***compte individuel*** ne peut, par définition, être ouvert qu'au nom d'une seule personne. Cette personne est alors seule habilitée à gérer le compte et à être dotée du pouvoir signataire, sauf dans le cas d'une procuration. Une procuration est un mandat signé entre le titulaire du compte, le mandant et une tierce personne, le mandataire, qui peut agir pour le compte du mandant. La procuration peut être générale (sans limitation de durée ou de montant) ou spéciale (limitée en durée, montant et/ou nature des opérations) ;
- un ***compte collectif*** est ouvert ou nom de plusieurs personnes. On distingue le compte joint (chaque co-titulaire est doté du pouvoir de signature et peut disposer de l'intégralité des sommes inscrites sur ledit compte), du compte indivis (sauf procuration donnée à l'un des co-titulaires, tous les co-titulaires doivent signer pour engager une opération).

On parle de ***solidarité active*** si la contribution à l'actif n'est pas équitablement répartie ou de solidarité passive (chaque co-titulaire est solidairement responsable en cas de solde débiteur).

### c) Le compte Nickel

Le compte Nickel, créé en 2013 par la Financière des paiements électroniques et racheté en 2017 par BNP-Paribas, est un compte en banque qui peut être ouvert auprès des buralistes. Il est accessible à tous, sans condition de revenu, y compris les interdits bancaires. Il permet d'opérer des règlements par virement ou par carte bancaire Mastercard. Celle-ci est facturée 20 € par an maximum et le coût annuel du compte devrait rester inférieur à 50 € par an. L'objectif des initiateurs de cette prestation offerte par la Financière des paiements électroniques est de « faire de la banque à bas coût ». Assis sur un réseau de 6 000 points de vente (avec une ambition de 10 000 points de vente en 2024), l'intermédiaire a franchi le seuil des 2 millions de comptes en avril 2021. Il propose, par ailleurs, depuis 2018, une carte bancaire premium (Nickel Chrome) et une carte bancaire personnalisable (My Nickel depuis 2020). Enfin, le compte Nickel est désormais opérationnel en Espagne (400 partenaires avec un objectif de 700 000 clients d'ici 2024) et prévoit de s'installer au Portugal en 2022. En Belgique, sa maison-mère BNP-Paribas dominante grâce à Fortis, consolidera son maillage grâce à lui.

### d) Shine : des comptes aux crédits

Shine (filiale de la Société Générale), établissement prestataire en service de paiement, a été créé en 2018 et offrait un compte de paiement dédié aux entrepreneurs. Depuis 2021, il propose un crédit, sous la forme d'un prêt professionnel à ses clients de plus de 6 mois d'ancienneté : un crédit de trésorerie est proposé sur un an jusqu'à 30 000 €, un crédit d'investissement l'est sur 5 ans jusqu'à 70 000 €.

Les crédits sont versés sous un délai de 3 jours sans aucune pièce justificative à fournir, le *scoring*, basé de façon inédite en France sur l'étude des mouvements de compte, est réalisé par Franfinance. On notera que cette activité de prêt est rendue possible par le fait que Shine est devenu filiale de la Société Générale, ce qui lui permet d'utiliser le statut d'établissement de crédit. Plus encore, les crédits sont portés par le bilan de Franfinance. Car l'une et l'autre des activités, octroi et distribution de crédit, sont impossibles pour un prestataire non doté du statut d'établissement de crédit.

Enfin, Shine propose un abaissement du taux de crédit de 0,5 % à toute entreprise qualifiable de vertueuse sur le plan du développement durable. Doté du statut B-corp, l'établissement a souhaité a décidé d'orienter sa politique commerciale sur cette dimension de développement durable, tout en ayant en outre adhéré au mouvement 1 % pour la planète : 1 % du chiffre d'affaires est reversé à des organisations œuvrant en faveur de l'environnement.

Ciblé au départ sur les travailleurs indépendants, l'établissement compte, en avril 2021, 100 000 détenteurs de comptes.

### e) Le concept de neo-banque et l'*open banking*

Globalement, comme indiqué avec les exemples ci-dessus, on constate une entaille dans le monopole bancaire et désormais, on parle de neo-banques.

Une ***neo-banque*** est, au départ, une banque digitale (on parle de « banque mobile » ou encore de « mobile first ») dont les services attachés à une carte de paiement ne sont accessibles que via un smartphone. Mais en avril 2021, l'ACPR a rappelé que le terme de neo-banque est utilisé à mauvais escient : « Employer le mot de "banque" ou d'"établissement de crédit" pour qualifier une entreprise non bancaire, parmi lesquels les établissements de paiement et de monnaie électronique, ainsi que leurs agents et leurs distributeurs, est interdit par la législation [...].

L'article L. 511-8 du Code monétaire et financier précise qu'il est interdit à toute entreprise autre qu'un établissement de crédit ou une société de financement d'utiliser une dénomination, une raison sociale, une publicité ou, d'une façon générale, des expressions faisant croire qu'elle est agréée respectivement en tant qu'établissement de crédit ou société de financement, ou de créer une confusion en cette matière ».

Dès lors, N26, Revolut, Orange Bank, ou encore Ma French Bank, Memo Bank, sont des neo-banques car agréées comme établissement de crédit par l'ACPR, tout autant que Boursorama, Fortuneo, Hello Bank, souvent dénommée banque en ligne.

Nickel n'est qu'un service bancaire alternatif, Lydia est un établissement de monnaie électronique, Pay Top est un établissement de paiement, Aumax pour Moi est un agrégateur de comptes, etc.

Plus récemment, on parle d'***open banking*** pour évoquer l'ouverture des systèmes d'information des banques et du partage de données des clients desdites banques avec des tiers.

Les banques (à l'instar de BBVA par exemple) ouvrent leur système d'information via les API (*Applications Programming Interfaces*).

En général, au-delà de la terminologie réglementaire, toutes les banques et établissements s'adaptent à ces nouveaux business models. Nickel ou C-Zam (fermé en 2020) furent les premiers, mais d'autres banques ont suivi. La Société Générale a lancé Sobrio, le Crédit Agricole a fait la même chose avec Eko. Sobrio propose des services complémentaires tels qu'un agrégateur de comptes et de factures afin de permettre un rassemblement en un lieu (virtuel) unique des relevés de comptes et autres avis émanant des entreprises d'électricité/gaz ou opérateurs téléphoniques.

Avec l'*open banking*, on assiste à une forme de dégroupage ; depuis la mise en place de la directive sur les services de paiements DSP2 en janvier 2018 (v. Chapitre 2, § 1), l'*open banking* induit un partage des données (avec les API) qui permet le développement des services et donc l'amélioration des rapports entre la banque et les clients.

Face à cela, les banques doivent se positionner. Elles ont le choix entre le statut de producteurs (fournir leurs produits à une plateforme de distribution), de fournisseurs de services (pour permettre à un tiers – une plateforme – de concevoir leurs produits et services bancaires) ou d'interfaces (pour distribuer des produits tiers sur leur plateforme). En conséquence, pour rester concurrentielles, elles devront créer ou choisir une plateforme leur permettant de maximiser l'expérience client (source : *https://www.culturebanque.com/innovation/open-banking/*).

Le cabinet Deloitte a recensé les API selon 7 catégories :

| Catégories d'API | Fonctionnalités | Description |
| --- | --- | --- |
| API Bancaires | Localisation des agences, distributeurs automatiques de billets, horaires des agences | Informations sur la localisation des DAB, les horaires d'ouverture des agences, les prises de rendez-vous... |
| | Informations sur les services bancaires | Informations sur les produits bancaires, le temps nécessaire pour ouvrir un compte, changer de carte bancaire... |
| | Informations sur les comptes et les clients | Informations relatives au profil du client, aux paramètres du compte, relatives à la souscription de produits bancaires... |
| | Informations/utilisation de moyens de paiement | Mise à disposition de moyens de paiement et informations relatives à leur utilisation |
| | Aide au pilotage de l'activité financière | Représentation des dépenses, catégorisation, notification des dépenses, alertes, modification des paramètres des comptes bancaires, des limites d'autorisation, visualisation des factures... (valable pour les particuliers et entreprises) |
| | Information et gestion des investissements/épargne | Informations sur les taux du marché, les produits d'investissement, exécution d'ordres de placement Aide à la gestion de l'épargne, ouverture de comptes épargne, informations sur les taux d'intérêt |
| | Commerce international | API spécialisées dans le *trade finance* |
| | Informations sur les crédits | Évaluation de l'éligibilité des clients, consultation des grilles de taux... |

| | | |
|---|---|---|
| **API DSP2** | Consultation des comptes de paiement | AISP |
| | Initiation de paiement | PISP |
| | Couverture de solde | CBP II |
| | Autres | Authentification TPP, certificats IDAS... |
| **API de Sécurité** | Identification, consentement client | Mécanisme d'authentification des clients, de récolte des consentements des clients... |
| | Anonymisation des données, sécurisation des échanges | |
| | Vérification d'identité, aide à la souscription | Modules de KYC, briques d'aides à la souscription |
| **API de services extra-financier** | Fidélité, bons plans, réductions | Paiements en points fidélité, réductions, cartes cadeau... |
| | Services d'aide au marketing et activités commerciales | Identification d'opportunités client, de *leads* commerciaux, plateformes de réseaux sociaux... |
| | Secteurs d'activité non financiers | Données météo, services de covoiturage... |
| | Fonctionnalités technologiques | Modules OCR, de visioconférence, dédié à la connectivité avec une *blockchain*... |
| **API Assurance** | Informations assurances | Informations sur les polices d'assurance, simulations de prime... |
| **API exploitation des données bancaires** | Statistiques tirées des données bancaires | Calcul de statistiques démographiques, tendances de comportements bancaires par profil de population, zone géographique... |
| **API autres** | Autre | API techniques dédiées aux développeurs |

Sources : https://www2.deloitte.com/fr/fr/pages/services-financier/articles/open-banking-be0nchmark-plateformes-api.html

Globalement, on a trois API réglementaires (conformes à la directive des services de paiement) :

- l'agrégation de compte (offrant une vue centralisée des comptes des données d'un client via une plateforme unique) ;
- la couverture de solde (proposant la consultation d'un solde pour s'assurer de la solvabilité d'une contrepartie) ;

– l'initiation de paiement (autorisant les virements dits *open banking* sans obligation de connexion au compte bancaire).

Toutes les banques doivent *a minima* développer ces trois API, les autres n'étant que facultatives. Leur intérêt réside au-delà d'une sécurisation des services et d'un état général et consolidé des comptes d'un client, dans une meilleure connaissance client. Si les contraintes réglementaires imposent aux banques de mieux connaître leurs clients pour des raisons de lutte contre le blanchiment d'argent, les banques ont également intérêt à les fidéliser davantage encore aujourd'hui depuis que des nouveaux entrants sont apparus. Les API les y aideront de plus en plus.

Boursorama (première banque en ligne créée comme telle en 2005) a été progressivement concurrencée sur son segment historique d'offre bancaire en ligne gratuite et sans condition de revenus.

ING, Revolut ou encore N26 au titre des banques étrangères, Hello Bank au titre des domestiques, deviennent des concurrents directs. Hello Bank a en effet lancé une carte gratuite, Hello One, aux côtés de Hello Prime, une carte facturée 5 € à destination des clients voyageurs. En 2019, PixPay a été créée en tant qu'établissement de monnaie électronique pour adolescents. Elle propose une carte de paiement cogérée par les parents, pour un abonnement de 2,99 € par mois.

Les nouveaux entrants auront mis plus de quarante ans pour concurrencer les banques françaises qui avaient lancé en 1971 le groupement Carte Bleue et avaient alors innové en proposant l'interbancarité !

## ■ *La collecte des dépôts*

On appelle ***dépôt*** les fonds, rémunérés ou non, déposés par toute personne, physique ou morale, sous forme scripturale ou non, auprès d'une banque avec le ***droit***, pour la banque, ***d'en disposer pour compte propre*** ; charge à cette banque d'assurer à son client, le déposant, un service de caisse.

Il existe deux grandes formes de dépôts : les dépôts à vue et les dépôts à terme.

### a) Les dépôts à vue

Un dépôt est dit ***à vue*** lorsque les sommes déposées sont exigibles immédiatement, pouvant être restituées à tout moment sur simple demande du déposant ou de son mandataire.

Les comptes de dépôts ordinaires se nomment traditionnellement ***compte chèques*** pour les particuliers et ***compte-courant*** pour les entreprises. Ces comptes peuvent être rémunérés en France depuis 2004.

Certains comptes de dépôts à vue sont systématiquement rémunérés.

Parmi ceux-ci, on note :

- le livret A, historiquement réservé au réseau des Caisses d'Épargne et à la Banque Postale, banalisé en 2009, est un compte d'épargne à taux réglementé dont les revenus sont défiscalisés. Réservé aux particuliers (un seul livret par personne) ou à certaines associations, il permet la constitution d'une épargne disponible à tout moment. Son plafond et son taux de rémunération sont fixés par décret. Depuis août 2015 (et jusqu'à fin 2020), son taux est de 0,75 % (exonéré d'impôt) et le plafond des versements est de 22 950 €. Une partie des encours est laissée à la Caisse des Dépôts et Consignations qui les utilise pour financer le logement social ;
- le livret de développement durable (LDD) est également un compte d'épargne à taux réglementé (0,75 % depuis 2015) dont les revenus sont défiscalisés. Son plafond est actuellement de 12 000 €. Comme son nom l'indique, il finance les projets à caractère de développement durable mais également les PME ;
- le livret jeune est un produit d'épargne réservé aux personnes physiques âgées de 12 à 25 ans, dont les intérêts sont exonérés de tout impôt ; le taux de rémunération est librement fixé par la banque et ne peut, en aucun cas, être inférieur à celui du livret A. Le plafond est de 1 600 € (hors intérêts capitalisés) ;
- le livret d'épargne populaire est un compte d'épargne qui peut être ouvert par toute personne physique ayant un plafond de revenus de 19 250 € pour 1 part en 2016, de 29 237 € pour 2 parts, etc. Ce livret est également défiscalisé et son plafond est fixé à 7 700 €.

Aux côtés de ces comptes sur livrets exonérés, il existe d'autres comptes sur livret soumis à l'impôt. Citons, à titre d'exemple, le livret B, compte sur livret sans plafond et sans limite de durée, dont la rémunération est à négocier avec la banque.

### b) Les dépôts à terme

Les ***dépôts à terme*** sont des fonds déposés par les particuliers ou les entreprises qui, sauf diminution ou suppression de la rémunération, ne peuvent être récupérés avant la date convenue entre le client et sa banque.

La durée de ces dépôts à terme est comprise entre un mois et cinq ans.

On distingue les ***comptes à terme*** et les ***bons de caisse***. Ces derniers peuvent être nominatifs ou anonymes. En contrepartie de l'anonymat, la fiscalité est lourde, le prélèvement libératoire est de 60 %.

### c) Le cas particulier de l'épargne logement

L'*épargne logement* est une formule de placement qui permet d'obtenir un crédit aux conditions privilégiées après constitution préalable de l'épargne.

Deux supports existent : le ***compte épargne logement*** et le ***plan épargne logement***.

| | Compte épargne logement | Plan épargne logement |
|---|---|---|
| Condition d'ouverture | 1 CEL par personne physique | 1 PEL par personne physique |
| Solde minimum | 300 € à l'ouverture<br>Versements ou retraits ≥ 75 € | 225 € à l'ouverture<br>Versements libres mais leur total annuel doit être ≥ 540 € |
| Maximum | 15 300 € (hors capitalisation des intérêts) | 61 200 € (hors capitalisation des intérêts) |
| Taux | 0,5 % net de prélèvements en depuis le 1er avril 2015 + prime de l'État de 1 144 € en cas de contraction d'un prêt épargne logement | En 2016, le taux est de 1,5 % brut par an pour les plans ouverts après le 1er février 2016 |
| Obtention d'un prêt d'épargne logement | Droit à un prêt à taux réglemente | Droit à un prêt à taux réglemente |

### d) Statistiques dépôts

L'ensemble des dépôts se répartit comme suit :

| Milliards € | 2019 | 2020 |
|---|---:|---:|
| Comptes ordinaires créditeurs | 943,80 | 1 207,20 |
| Autres livrets | 518,90 | 574,70 |
| Livres d'épargne populaire | 39,10 | 39,20 |
| Livres de développement durable | 110,80 | 120,00 |
| CEL | 29,50 | 31,10 |
| Comptes espèces PEA, PER divers | 15,80 | 15,20 |
| PEL | 284,2 | 291,5 |

| | | |
|---|---|---|
| Plans d'épargne populaire | 16,30 | 15,10 |
| Comptes créditeurs à terme | 266,00 | 260,20 |
| Bons de caisse et d'épargne | 0,40 | 0,30 |
| Total | 2 224,80 | 2 554,50 |

## ■ *Les crédits*

Les banques ont pour fonction historique de financer l'économie. En 2018, les banques ont accordé 1 903 Mds € à l'économie en France.

On distingue deux grands types de crédits : crédits aux entreprises, crédits aux ménages que nous présentons ci-après.

### a) Les crédits aux particuliers

On recense deux grands types de crédit pour les particuliers : les crédits à la consommation et les crédits immobiliers.

#### *1) Les crédits à court terme ou à la consommation*

La ***facilité de caisse*** ou le ***découvert*** sont des techniques de financement d'un problème de trésorerie d'un maximum d'un mois pour la facilité, de quelques semaines à quelques mois pour le découvert.

Ils consistent en une autorisation préalable, demandée par le client oralement ou par écrit à sa banque, de laisser son compte débiteur pour la durée convenue. Si le compte reste plus de 90 jours débiteur, l'offre de financement doit être obligatoirement écrite sauf pour un montant supérieur à 75 000 €.

Les taux sont en général dissuasifs car très élevés.

Les ***prêts personnels*** peuvent être ***ordinaires*** (finançant n'importe quel projet) ou ***affectés*** (à un projet particulier) : dans le premier cas, la banque crédite le compte de son client ; dans le second, elle règle le fournisseur. Les prêts se remboursent en mensualités égales.

Il peut s'agir d'un ***crédit renouvelable*** (***revolving***), c'est-à-dire se renouvelant au fil des remboursements dans la limite négociée entre la banque et son client (en général trois mois de revenus maximum). Si le crédit montre un avantage certain quant à son utilisation, il n'est pas moins dangereux car très souvent à l'origine du surendettement.

Les ***prêts étudiants*** sont des prêts à destination des étudiants, comme leur nom l'indique, pour une durée en général comprise entre 2 et 5 avec différé de remboursement, lui-même étalé sur une période comprise entre 2 et 4 ans.

Les ***locations avec option d'achat*** sont des financements accordés par des établissements spécialisés qui achètent le bien, le louent à son client pour une durée de 3 à 5 ans avec possibilité, à l'issue de cette période, de rachat par le financé à un prix convenu à l'avance, dit valeur résiduelle.

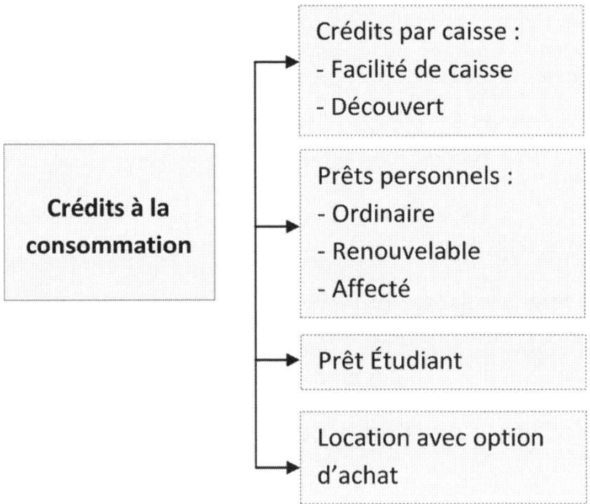


**La lutte contre le surendettement**

Une première loi en 1990, dite ***loi Neiertz***, a permis la constitution de la ***commission de surendettement*** et la création du FICP – Fichier des incidents de remboursement des crédits aux particuliers. Ce fichier recense tous les emprunteurs en situation de surendettement et est interrogeable par toutes les banques afin qu'elles vérifient la solvabilité de leurs clients.

La ***loi dite Borloo du 1<sup>er</sup> août 2003*** a mis en place la ***procédure de rétablissement personnel*** utilisée pour les personnes dont l'endettement est trop élevé pour être réglé par des mesures de redressement ordinaire. C'est donc l'équivalent des faillites pour les entreprises. Elle consiste en un effacement de toutes les dettes privées du surendetté. Elle peut être décidée, par le juge, avec liquidation judiciaire (si des biens peuvent être vendus pour rembourser les dettes) ou sans liquidation (dans le cas contraire).

La ***loi dite Chatel du 28 janvier 2005*** a pour objet de renforcer l'information des consommateurs pour anticiper les problèmes de surendettement. Citons l'exemple du crédit renouvelable pour lequel le client peut demander à sa banque la diminution de sa réserve de crédit ou de résilier le contrat.

La ***loi dite Lagarde du 1er juillet 2010*** a mis en place certains éléments pour limiter les problèmes liés au surendettement : le dépôt du dossier de surendettement à la Banque de France est automatiquement et instantanément suivi de l'inscription au FICP pour éviter l'engrenage de nouveaux crédits. Le ménage est alors dit « fiché Banque de France » pour 8 ans (10 auparavant), voire 5 ans sans incidents de parcours ; tout comme passe à 8 ans la durée maximale des plans de surendettement.

La ***loi dite Hamon du 17 mars 2014*** renforce le dispositif de protection pour les crédits à la consommation en créant un registre national des crédits aux particuliers géré par la Banque de France.

La ***loi dite Justice du 21 du 18 novembre 2016*** supprime l'homologation judiciaire des mesures recommandées par la commission de surendettement afin d'accélérer la procédure.

La ***loi dite Sapin 2 du 9 décembre 2016*** limite la phase de négociation amiable aux dossiers pour lesquels le débiteur est propriétaire d'un bien immobilier et limite la durée de refus du plan conventionnel de redressement de la part des créanciers à 30 jours.

En 2017, 166 760 dossiers ont été déposés à la Banque de France, en baisse de 14,4 % par rapport à 2012, démontrant que, même encore trop élevé, ce chiffre s'améliore de façon structurelle en France ; en termes d'encours, les dettes des ménages surendettés restent à hauteur de 7,2 Mds d'euros.

Depuis 2020 : la Banque de France à simplifier les procédures des courriers envoyés au débiteur, ouverture d'un portail « déposants » pour un dépôt des dossiers en ligne, déploiement de nouveaux Points Conseil Budget, etc.

En 2019, 143 000 dossiers ont été déposés, représentant une baisse de 38 % sur 5 ans, baisse qui a continué en 2020 (108 731 dossiers, soit une baisse de 24 %) sous l'effet du confinement. Pour autant, ce chiffre risque d'augmenter à nouveau suite à certaines situations difficiles liées à la crise sanitaire mais également suite à un renchérissement d'un substitut du crédit à la consommation qu'est le paiement fractionné. On notera que la dette globale des ménages surendettés s'élève à 4,8 Mds €. Les dettes à la consommation sont en net recul et représentent 37 % de la dette globale ; à l'inverse, la dette immobilière augmente et concerne 34 % de la globalité.

Enfin, si les dettes à la consommation diminuent, on notera cependant que, depuis 2010, les banques et les Fintech cherchent régulièrement à contourner les contraintes législatives. Elles proposent un paiement fractionné qui, s'il ne dépasse pas 3 mois, est considéré comme une facilité de paiement et non comme un crédit à la consommation !

Le taux de croissance des encours de ces paiements fractionnés est à 2 chiffres ; l'encours de 2019 est de 6 Mds € en France, attendu 10 Mds € en 2021, alors même que les taux d'intérêt peuvent atteindre 2 % sur 3 mois. Cette technique n'est rien d'autre qu'un instrument d'endettement des ménages !

### *2) Les crédits immobiliers*

Le premier type de crédit immobilier est le ***crédit classique*** pouvant financer l'intégralité du bien pour une durée comprise entre 2 et 30 ans remboursable selon un échéancier mensuel, trimestriel ou semestriel pour des montants constants, progressifs ou dégressifs, avec différé ou franchise possibles. Le plus souvent, un apport personnel est requis, tout comme des prises de garantie, et assurance décès, invalidité et chômage.

Souvent à ***taux fixe***, au moins en France, ces prêts peuvent être à ***taux variable ou révisable***. Si tel est le cas, le taux peut être « ***capé*** » (avec limite maximale à la hausse comme à la baisse) ou non, et les échéances peuvent être plafonnées ou non.

Le ***crédit relais*** est un crédit accordé dans l'attente d'un premier bien pour financer l'achat d'un autre bien immobilier. Sa durée est de 2 ans maximum pour un montant d'environ 75 % du bien à vendre avec garantie prise sur le bien acheté. Il peut être sec (si les deux biens ont une durée quasiment identique) ou assorti d'un prêt amortissable qui vient compléter le prêt relais ; enfin l'amortissement de cet autre prêt peut être différé.

Aux côtés de ces prêts très classiques, il existe des formules de prêts aidés par l'État :

– le prêt conventionné est accordé par des banques qui ont signé une convention avec l'État pour financer l'acquisition ou la rénovation de certains logements répondant à certaines normes de prix et de surface ;
– le prêt d'accession sociale est un autre prêt qui répond aux mêmes objectifs d'accession à la propriété des ménages aux conditions modestes ;

- le prêt à taux zéro renforcé, PTZ+, est accordé aux personnes sous conditions de ressources pour financer leur première résidence principale, à condition que celle-ci soit un logement neuf et respectant certaines conditions de performances énergétiques. Il est obligatoirement assorti d'un autre prêt immobilier classique et d'apports personnels ;
- le prêt épargne logement est un prêt accordé après constitution d'une épargne préalable via les supports mentionnés ci-dessus, le compte épargne logement et le plan épargne logement.

Une directive européenne sur les crédits immobiliers adoptée en 2014 et mise en application en France le 1er juillet 2016 réglemente le service de conseil, oblige à une évaluation stricte de la solvabilité de l'emprunteur et à une évaluation du bien réalisée de façon indépendante. Par ailleurs, le 1er octobre 2016, le TAEG – taux annuel effectif global – change de modalités de calcul.

**Focus**

Face à la montée de l'endettement (immobilier notamment, cf. *infra*), la Banque de France demande aux banques de limiter la durée des crédits immobiliers à 25 ans d'une part, et de prendre davantage en compte le taux d'endettement maximal de 33 % du revenu disponible du ménage d'autre part. La demande de la Banque de France reste indicative ; si l'encours des crédits immobiliers venait à continuer d'augmenter drastiquement, la Banque de France serait potentiellement amenée à imposer des normes strictes. En 2020, la durée moyenne des emprunts immobiliers est de 19 ans (les durées minimale et maximale restent respectivement de 5 et 30 ans).

Et aujourd'hui ?

Au regard de la crise sanitaire, une enquête auprès de 13 000 ménages français, fin 2020, montre que « le taux des crédits aux ménages a reculé : 46,5 %, contre 47,4 % en 2019. En termes de crédits à la consommation, le taux global de détention est de 24,9 %, contre 26,5 % ; cette baisse s'entend essentiellement au niveau des prêts obtenus directement auprès des vendeurs ou/et à l'usage de cartes. En termes de crédits immobiliers, le taux de détention s'établit à 31,4 % contre 24,2 % (niveau le plus élevé depuis le début des années 2000). »

Source : FBF et ASF, 9 février 2021.

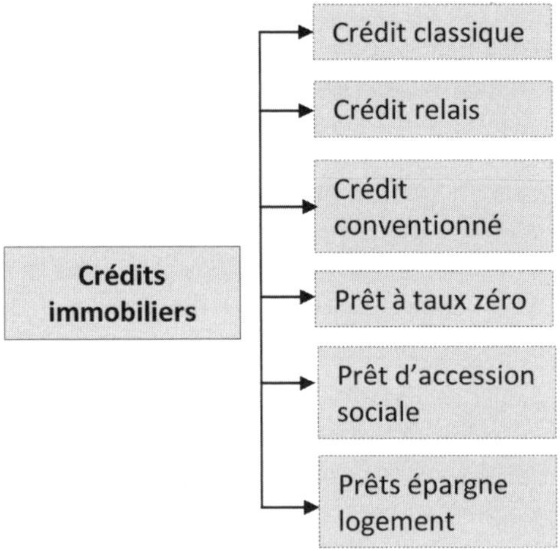


## b) Les crédits aux entreprises

Deux modes de financements s'offrent aux entreprises : les crédits de trésorerie et les crédits d'investissement.

### *1) Les crédits de trésorerie*

Les ***crédits par caisse*** sont des autorisations données par la banque à sa clientèle entreprise d'avoir des comptes courants débiteurs.

Comme pour les particuliers, la ***facilité de caisse*** est une autorisation donnée par la banque, pour une année en théorie, pour une période inférieure au mois en pratique. Le ***découvert***, quant à lui, est souvent accordé sans limitation de durée. Si le découvert est accordé le plus souvent oralement, l'entreprise peut demander une confirmation précisant le montant de découvert autorisé, la durée et les conditions. On parle alors de ***découvert confirmé***. Si le découvert est accordé pour quelques heures seulement, on parle de ***crédit spot***. Enfin, pour certaines entreprises dont l'activité amène un décalage important entre les dépenses à régler et les recettes à percevoir, les banques offrent des ***crédits de campagne***.

Le ***financement des créances*** se fait selon différentes techniques.

L'***escompte*** est un crédit à court terme par lequel une banque met à la disposition d'une entreprise porteuse d'un effet de commerce non échu le montant dudit effet, diminué des commissions et intérêts. Dans le cas d'un impayé à l'échéance, la banque est en mesure de se retourner contre l'entreprise clientèle qui conserve le risque de défaillance de l'acheteur.

Depuis 1981, il existe la ***technique de mobilisation Dailly*** qui est une convention selon laquelle un créancier (cédant) transmet sa créance sur l'un de ses débiteurs (cédés) à une banque (cessionnaire). Il y a donc ***cession de créances commerciales***. Lesdites créances peuvent alors être regroupées pour être mobilisées ensemble, moyennant la remise d'un bordereau récapitulatif, dit bordereau Dailly. La remise du bordereau permet la cession ou le nantissement des créances au profit de la banque qui accorde le crédit sous forme d'avance ou de découvert autorisé pour le montant des créances cédées.

Enfin, il existe une technique particulière, l'***affacturage*** opéré par des établissements spécialisés qui consiste en ce qu'une entreprise cède ses créances à un factor. En revendant ses créances à l'établissement spécialisé, l'entreprise dispose d'un moyen de financement, d'une part, et se décharge du recouvrement des créances, d'autre part.

Pour le ***financement des stocks***, les banques proposent des ***avances de marchandises*** ou des ***escomptes de warrants*** (qui ne sont autres que des avances sur marchandises mais ces dernières sont confiées à un tiers).

Le ***crédit par signature*** consiste à ce que la banque « prête » sa signature à une entreprise sans avoir de charge de trésorerie. C'est un ***engagement*** pris par la banque de mettre des fonds à disposition de l'entreprise ou d'intervenir sur le plan financier en cas de défaillance de ladite entreprise.

On recense les ***cautions***, les ***avals***, les ***acceptations*** ou les ***crédits documentaires***.

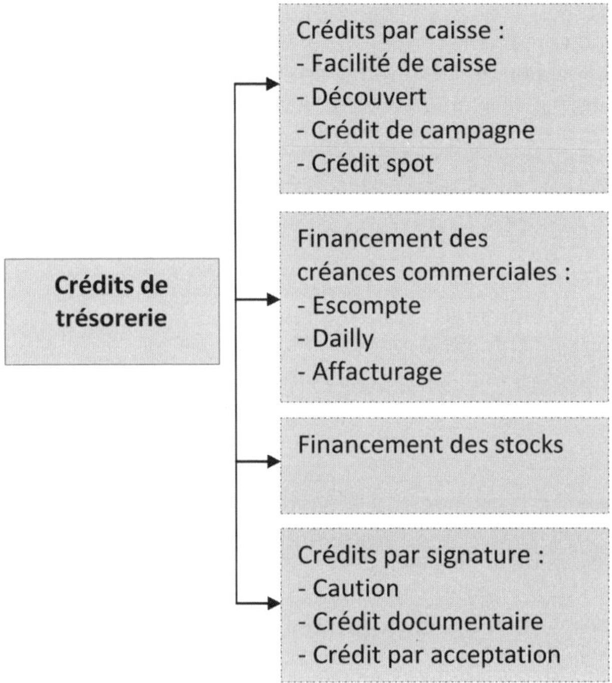


*2) Les crédits d'investissement*

Les ***crédits bancaires classiques*** à moyen (2 à 7 ans) ou long terme (7 à 20 ans) sont accordés par les banques seules ou en *pool* bancaire, avec ou sans le concours d'Oseo (établissement public dont la mission est de soutenir l'innovation et de la croissance des PME).

Le ***crédit-bail*** est un contrat de location de durée déterminée, signé entre une entreprise et une banque, assorti d'une promesse de vente à l'échéance du contrat. L'utilisateur n'est donc pas juridiquement propriétaire du bien mis à sa disposition pendant la durée du contrat. « Dans une vision économique de l'entreprise (qui est celle des comptes consolidés), les biens loués en crédit-bail sont assimilés à des immobilisations. La contrepartie bilancielle est une dette financière qui équivaut à la valeur actuelle des engagements de loyers et du prix de levée de l'option d'achat dont dispose l'entreprise » (source : *vernimmen.net*).

Le ***prêt participatif*** a été créé en 1978 pour financer les entreprises en général, les PME en particulier. Le qualificatif a lieu d'être car ces prêts sont intermédiaires entre les prêts à long terme et les titres de participation, d'où sa classification de quasi-fonds propres pour les calculs de ratios financiers. S'il était tombé en désuétude dans les années 1990, ce type de financement montre tout son attrait depuis la crise financière car il sert de support aux prêts de l'État ou aux interventions d'Oseo (l'organisme a en effet mobilisé 1 Md € sous cette forme pour recapitaliser les PME).

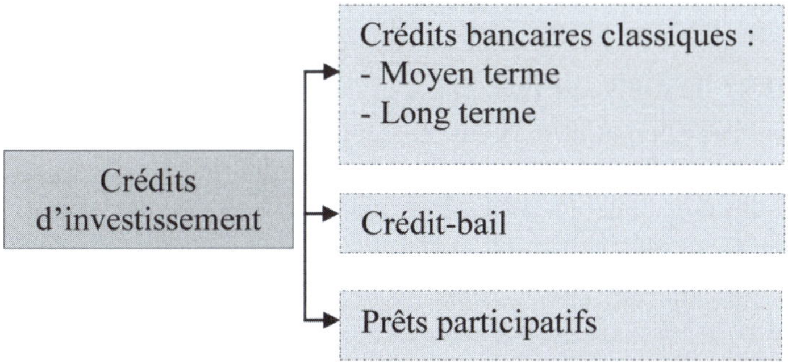


**Focus**

Un montage spécifique s'est mis en place en 2017 pour aider au financement des PME (source : Les Échos, 19 décembre 2017).

BNP-Paribas et la Banque européenne d'investissement (BEI) ont mis en place une technique de prêt qui repose sur une titrisation qualifiable de synthétique. La banque prêteuse partage le risque avec la BEI, permettant de rendre disponibles des capitaux supplémentaires à destination des PME avec des taux minorés de 0,25 %. Dit autrement, 1 euro garanti par la BEI génère 4 euros supplémentaires de prêts bancaires. Au total, sur 2018 et 2019, une enveloppe globale de 420 millions d'euros a été allouée. À celle-ci s'ajoutent une ligne de crédit allouée par la BEI à BNP-Paribas de 200 millions €, et quelques montages faits pour faciliter l'accès au crédit pour certaines PME dans des zones géographiques ou des secteurs d'activités spécifiques.

En termes de statistiques, les encours des crédits sont les suivants :

| (Mds €) | 2016 | 2017 | 2018 | 2019 | 2020 |
|---|---|---|---|---|---|
| Crédits aux sociétés non financières | 912 | 965 | 1 010 | 1 061 | 1 198 |
| Crédits aux ménages | 1 258 | 1 328 | 1 391 | 1 302 | 1 362* |

* Dont crédits immobiliers : 1 143, en hausse de 5 %.
Source : Banque de France, février 2021.

### *3) La Covid-19 et les prêts aux entreprises*

Dès le début du premier confinement de 2020, l'État français a mis sur pied des dispositifs d'aide à l'ensemble des agents économiques impactés par la pandémie.

Nous traiterons ici des prêts garantis par l'État et des prêts participatifs Relance.

#### ● Les prêts garantis par l'État (PGE)

L'État a décidé de garantir des prêts accordés par les banques à des entreprises en difficulté de trésorerie (pour un total de 300 Mds € à souscrire jusqu'au 31 décembre 2021), quels que soient leur taille, leur activité et leur statut juridique.

La garantie porte sur 90 % du PGE, sauf pour les entreprises de plus de 5 000 salariés ou ayant un chiffre d'affaires supérieur à 1,50 Mds € qui n'ont une garantie qu'à hauteur de 70 ou 80 %.

Le montant du prêt peut atteindre jusqu'à 3 mois de chiffre d'affaires 2019 (ou 2 années de masse salariale pour les entreprises innovantes ou créées depuis le 1er janvier 2019).

Le remboursement est différé d'un an et il est prévu qu'à 2 à 4 mois avant la date anniversaire du PGE, l'entreprise décide d'un remboursement immédiat, d'un amortissement supplémentaire de 1 à 5 ans, ou un mix des deux solutions.

À la mise en place des prêts, les banques se sont engagées à proposer la tarification maximale de 1 à 1,5 % pour les prêts remboursés entre 2022 et 2023, de 2 à 2,5 % pour les prêts remboursés entre 2024 et 2026, coût de la garantie de l'État compris.

Dès avril 2020, 251 000 entreprises avaient obtenu un prêt pour 40 Mds €, la moyenne des prêts est de 140 000 €.

À fin mars 2021, 135 Mds € de prêts avaient été accordés à 660 000 entreprises.

En janvier 2021, le gouvernement, en accord avec la Fédération Bancaire Française, autorisait les entreprises à demander un différé d'une année supplémentaire pour démarrer le remboursement du prêt. En date d'avril 2021, 55 % des entreprises ont choisi de reporter le remboursement à

2022 ; 75 % ont également choisi d'étaler la durée du prêt à son maximum de 6 ans (jusqu'en 2026). 12 % des entreprises bénéficiaires ont opté pour un remboursement dès 2021.

On notera que les entreprises n'ayant pas pu bénéficier de PGE (taux de refus : 2,9 % en date du 12 avril 2021) ont pu solliciter d'autres moyens de financement (Fonds de développement économique et social pour restructuration financières et opérationnelles, prêts bonifiés et avances remboursables destiné aux PME et ETI, prêts exceptionnels pour les petites entreprises pour reconstitution de trésorerie et amélioration de structure de bilan, renforcement des financements par affacturage, PGE saison pour les entreprises des secteurs du tourisme, hôtellerie/restauration, événementiel, sport et loisir, culture). *Pour plus de détails, nous renvoyons à economie.gouv.fr.*

- Le prêt participatif Relance (PPR)

Les PPR sont exclusivement destinés à financer l'investissement, de durée de 8 ans avec différé de remboursement de 4 ans, d'un montant allant de 200 000 € à 100 M €.

Les entreprises éligibles sont les PME (chiffre d'affaires 2019 supérieur à 2 M €) ou une ETI dont la cotation donnée par la banque est *a minima* égal à BB-.

Un plan d'affaires ou d'investissement doit être établi ; il justifie la demande de prêt qui doit obligatoirement être utilisé à des fins de relance d'investissement, et en aucun cas, à des fins de couverture des charges courantes.

**Focus : Les prêts verts**

Le 5 juin 2020, l'État français a lancé, aux côtés de l'ADEME et de Bpifrance, le Plan d'accélération de la transition écologique des TPE et PME. Parmi les mesures de ce plan, on notera deux types de prêts proposés :

– le prêt vert ADEME-Bpifrance (montant maximal de 1 Md € pour une durée maximale de 10 ans) doit financer des investissements permettant de réduire des impacts environnementaux, augmenter la performance énergétique, accroître la mobilité zéro carbone, etc. L'enveloppe totale a été fixée à 100 Mds € ;

– le prêt d'économies d'énergie (montant maximal de 0,5 Md € pour une durée de 3 à 7 ans) est destiné aux PME de plus de 3 ans pour financer des équipements éligibles aux certificats d'économie d'énergie de certains secteurs (bâtiment tertiaire et industrie). L'enveloppe totale a été fixée à 137,5 Mds € pour 1 000 entreprises.

### ■ *La marge d'intermédiation*

La collecte des dépôts et la distribution des crédits représentent donc le métier historique des banques. Les dépôts sont des ressources pour les banques qui représentent un coût. Les crédits sont des emplois rémunérés.

La différence entre la ***rémunération des emplois*** et le ***coût des ressources*** s'appelle la ***marge d'intermédiation***.

Cette marge d'intermédiation est elle-même composée de trois marges :

- la ***marge sur la collecte*** : différence entre la rémunération des dépôts et le taux de placement sur les marchés de capitaux pour une durée identique à celle des dépôts ;
- la ***marge sur l'activité de crédits*** : différence entre le taux du crédit alloué et le taux de refinancement sur le marché interbancaire pour une durée identique au crédit ;
- la ***marge de transformation*** : contrepartie des risques de liquidité liés aux différences de durée et des risques de taux liés aux postes de bilan à taux fixe pour les uns, à taux variables pour les autres.

## 3 La gestion des moyens de paiement

Les banques sont tenues d'assurer un ***service de caisse*** à leurs clients qui consiste à assurer la conservation des fonds déposés et le retrait des espèces, faciliter les dépenses et l'encaissement des fonds et délivrer des moyens de paiement.

On appelle ***moyens de paiement*** l'ensemble des techniques ou des supports mis à la disposition de la clientèle des banques pour procéder aux règlements ou aux transferts de fonds.

### ■ *Les différents moyens de paiement*

La monnaie fiduciaire (cf. § 4) diminuant progressivement dans les moyens de paiement utilisés par les agents économiques, nous nous focaliserons présentement sur les moyens de paiement scripturaux.

Ces moyens ***scripturaux*** sont des techniques permettant de transférer des fonds de compte à compte, par un jeu d'écriture.

On recense les moyens de paiement scripturaux suivants en 2019 :

| Moyens de paiement scripturaux | Moyenne quotidienne du nombre de transactions (millions d'opérations) | Moyenne quotidienne des transactions (Mds €) |
|---|---|---|
| Paiements par carte | 36,6 | 1,5 |
| Prélèvements | 10,1 | 4,6 |
| Chèques | 4,8 | 2,4 |
| Lettres de change & billets à ordre relevé | 0,2 | 0,7 |
| Virements | 9,4 | 15,2 |
| Retraits par carte | 2,1 | 0,1 |

Source : Banque de France, Indicateurs économiques et financiers

**Focus : Paylib, l'interbancarité pour les paiements en ligne**

En 2013, toutes les banques françaises rejoignaient la solution de paiement en ligne sécurisé Paylib.
En 2017, le système était élargi aux paiements par mobile.
En 2019, on dénombrait 2,3 millions d'utilisateurs (contre 1,4 million un an plus tôt).
En 2020, ce chiffre est passé à 15 millions d'utilisateurs.
Aux côtés de ces paiements, la Carte Bleue sans contact fait état de 2,3 milliards de transactions en 2018, l'année suivante, en 2019, on dénombre près de 4 milliards de transactions.
Si l'on compare les deux moyens de paiement, remarquons que le paiement par carte sans contact est limité à 50 €, tandis que le paiement par mobile n'a pas de limite. Le taux de fraude sur ce paiement par mobile n'est que de 0,02 % seulement (en cas de vol du téléphone, celui-ci doit être déverrouillé d'une part, et les données bancaires peuvent être supprimées d'autre part).
Enfin, notons que le paiement par mobile autorise en outre des paiements dits « de pair à pair », virements de compte à compte, pour un temps de transfert inférieur à 10 secondes et de façon gratuite jusqu'à 500 €. Paylib revendique, après confinements, 8 transactions par mois par actif.

En 2020, le GIE CB relève 4,6 milliards de paiements sans contact par carte bancaire réalisés en magasin en 2020 (versus 3,3 milliards en 2019), soit près de 60 % des transactions par carte dans les commerces physiques.

## ■ *Les systèmes de paiements*

Un ***système de paiement*** regroupe les infrastructures et les prestataires de paiement. Chaque pays ou zone monétaire dispose de ses propres systèmes de paiement. Il existe alors deux systèmes : un système de petit montant et un système de gros montant. En Europe, le premier s'appelle Sepa, le second Target.

### a) Le système de petit montant

Le système de petit montant traite les ordres de paiement des particuliers : virements, chèques, paiements par carte bleue...

Le nouveau système européen s'appelle le ***Sepa*** *– Single Euro Payments Area –* dont l'objet a permis une uniformisation totale des paiements dans la zone euro, que ces paiements soient nationaux ou transfrontaliers.

On distingue :

– le SCT – Sepa Credit Transfert (virement Sepa) ;

– le SDD – Sepa Direct Debit (prélèvement Sepa) ;

– le SCF – Sepa Card Framework (paiement électronique ou par carte bancaire).

Le SCF repose sur l'interopérabilité pour les paiements passant par les cartes et terminaux compatibles avec les normes EMV – Europay, Mastercard, Visa.

### b) Le système de gros montant

Les systèmes de gros montants sont utilisés par les banques pour l'échange de fonds entre elles ou pour le compte de leurs gros clients. Il existe deux types de systèmes de gros montants : brut ou net.

Le système brut en temps réel (***RTGS*** *– Real-Time Gross Settlement System*) permet l'exécution immédiate et irrévocable des paiements et de minimiser le risque systémique. En Europe, c'est le système Target 2.

Target 2 (*Trans-European Automated Real-time Gross Settlement Express Transfer System*) a été lancé en 2002 et concerne la BCE, 19 banques centrales nationales de la zone euro et 5 banques centrales hors zone euro (Bulgarie, Danemark, Lituanie, Pologne et Roumanie).

Son organisation se présente de la manière suivante :

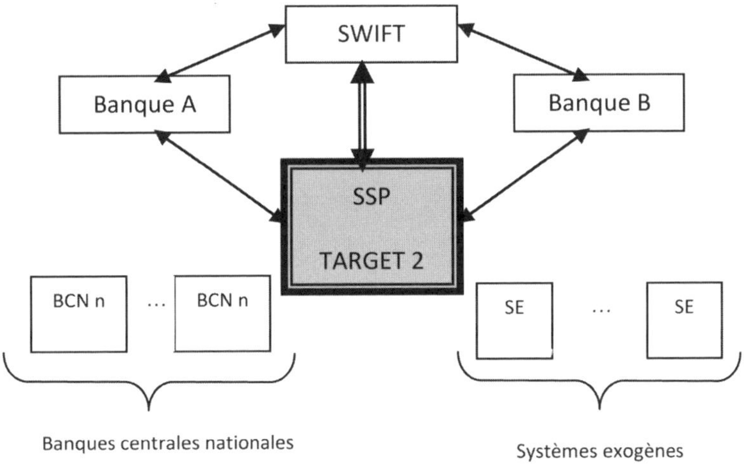


Techniquement, Target 2 repose sur une plateforme unique partagée entre les différentes banques centrales.

Sur les années 2017-2019, on comptabilise une moyenne quotidienne de capitaux échangés de 1 700 Mds € pour 380 000 opérations chaque jour.

En conséquence, Target 2 est considéré par la BCE comme un système de paiement d'importance systémique.

# 4 La banque et la création monétaire

## ■ La notion de monnaie

Avant de considérer les différentes notions de monnaie commerciale, notons les différences entre monnaie centrale, monnaie banque centrale et base monétaire.

| Monnaie de banque centrale | Monnaie centrale | Base monétaire |
|---|---|---|
| Billets en circulation | Billets en circulation détenus par les banques | Billets en circulation |
| Comptes des établissements de crédits résidents auprès de la banque centrale | Comptes des établissements de crédit résidents auprès de la banque centrale | Comptes des établissements de crédits résidents auprès de la banque centrale |
| Comptes de Trésor Public auprès de la banque centrale | Comptes du Trésor Public auprès de la banque centrale | |
| Comptes des agents non financiers résidents auprès de la banque centrale | | |

Source : G. Morisson (2009), *La situation financière des banques centrales*, Banque de France.

En matière de monnaie commerciale, deux notions existent : monnaie au sens étroit, monnaie au sens large (appelée également quasi-monnaie).

La ***monnaie au sens étroit*** est composée de :

- la monnaie manuelle et fiduciaire (les pièces métalliques dites monnaie divisionnaire et les billets) ;
- la monnaie scripturale représentée par les avoirs en comptes à vue des clients auprès des banques commerciales.

Une attention toute particulière sera notée sur le fait que ***le chèque n'est pas de la monnaie*** mais un instrument permettant de faire circuler cette monnaie scripturale (au même titre que la carte bancaire).

La ***monnaie au sens large*** est composée des :

- placements à vue, c'est-à-dire les avoirs déposés sur les comptes sur livret (livret A, livrets B, etc.) ;
- placements à terme constitués pour une durée déterminée et indisponibles avant terme sauf diminution ou suppression des intérêts ;
- placements en titres de créances négociables ;

– encours d'OPCVM (Organismes de placement collectif en valeurs mobilières) monétaires, c'est-à-dire des OPCVM placés en TCN ;
– dépôts à vue libellés en devises.

**Remarque : notion de liquidités internationales**

Une monnaie ne vaut que dans un pays ou une zone monétaire donnée. Pour une transaction transfrontalière, une conversion est nécessaire.
En régime de change flottant, les cours des monnaies s'établissent quotidiennement sur le marché des changes sans intervention systématique des banques centrales qui ont cependant des réserves de change officielles.

Les notions de monnaie et de quasi-monnaie sont reprises dans le concept d'agrégats monétaires.

Les ***agrégats monétaires*** sont les indicateurs de mesure de l'ensemble des liquidités détenues par les agents non financiers.

On distingue :

M1 : Monnaie au sens étroit (billets, pièces et dépôts à vue)

M2 : M1

+ dépôts à terme d'une durée initiale inférieure ou égale à deux ans

+ dépôts remboursables avec un préavis inférieur ou égal à trois mois

M3 : M2

+ OPCVM monétaires

+ pensions

+ instruments négociables émis à court terme (durée inférieure ou égale à 2 ans)

En décembre 2020, les agrégats monétaires de la France étaient les suivants :

| | Mai 2016 | Avril 2017 | Avril 2018 | Février 2019 | Décembre 2019 | Décembre 2020 |
|---|---|---|---|---|---|---|
| M1 : | 777 Mds € | 880 Mds € | 968 Mds € | 1 024 Mds € | 1 139 Mds € | 1 399 Mds € |
| M2 : | 1 855 Mds € | 1 974 Mds € | 2 106 Mds € | 2 156 Mds € | 2 276 Mds € | 2 656 Mds € |
| M3 : | 1 993 Mds € | 2 128 Mds € | 2 288 Mds € | 2 288 Mds € | 2 456 Mds € | 2 875 Mds € |

Source : Banque de France

## Les contreparties de la masse monétaire

Il y a ***création monétaire*** lorsqu'il y a augmentation de la quantité de monnaie détenue par les agents non financiers.

La création monétaire est mesurée car les contreparties de la masse monétaire, à savoir les créances nettes sur l'extérieur et le crédit interne.

### a) Les créances nettes sur l'extérieur

Celles-ci naissent des transactions entre résidents et non-résidents. Les banques domestiques ont des créances sur des non-résidents et les résidents peuvent détenir des avoirs en comptes auprès de banques non-résidentes.

Si les créances excèdent les engagements, il y a ***créances nettes sur l'étranger ou l'extérieur***, il y a donc création monétaire.

**Exemple**

Si un pays importe plus qu'il n'exporte, il y a destruction de monnaie. Dans le cas inverse, il y a entrée nette de devises étrangères qui donneront lieu à conversion pour circulation dans le pays, il y a création monétaire.

### b) Le crédit interne

Le ***crédit interne*** est représenté par l'ensemble des financements obtenus par les agents non financiers auprès des institutions financières.

On recense ***deux sources de crédit interne*** :

– les ***créances sur l'économie***, c'est-à-dire les crédits aux entreprises, ménages et collectivités et les titres de créance émis par les agents non financiers et achetés par les banques ;
– les ***créances sur l'État*** qui ont lieu d'être lorsque le Trésor émet des obligations ou des bons et que ces derniers sont achetés par les banques, ou lorsqu'il y a émission de pièce métallique et lors du paiement des salaires des fonctionnaires.

## Un pouvoir de création monétaire limité

Si l'on étudie la création monétaire *stricto sensu*, on peut imaginer que les banques ont alors tout pouvoir de création monétaire. Pour autant, ce pouvoir est limité par le problème de ***liquidité*** auquel sont confrontées toutes les banques.

Les problèmes de liquidité (revus ci-après) naissent de différentes manières. Ils peuvent provenir des mouvements sur les billets (si les retraits sont supérieurs aux dépôts, la banque doit se procurer les billets nécessaires en débitant son compte en banque centrale) ou encore des opérations en devises (quand une banque achète des devises, la BCE émet des euros en contrepartie au profit de ladite banque, il y a accroissement des liquidités bancaires et inversement).

Ces exemples montrent donc que le pouvoir de création monétaire des banques est limité.

Chaque fois qu'une banque commerciale accorde un crédit, elle se place elle-même en position de demandeuse de monnaie auprès de la banque centrale.

En conséquence, la banque centrale a le pouvoir de réguler la création monétaire. Si elle souhaite freiner la création monétaire, elle réduit la quantité de monnaie servie lors de ses opérations de politique monétaire (v. Chapitre 2).

## 5 Les crypto-monnaies

### *La notion de crypto-monnaie*

Une ***crypto-monnaie*** était une monnaie privée car non émise par une Banque centrale jusqu'à ce que la banque centrale de Chine n'en émette une. C'est une monnaie alternative en ce sens qu'elle est émise de façon décentralisée et hors du système traditionnel.

Elle repose sur une codification sécurisée grâce à la technologie dite cryptographique : la cryptographie permet de crypter – chiffrer un message ou coder des données – des informations afin d'assurer leur confidentialité entre l'émetteur et le récepteur du message et de sécuriser ledit message.

La technologie la plus usitée en termes de cryptographie est celle de la *blockchain*, technologie de stockage d'informations décentralisée.

Les crypto-monnaies les plus connues et les plus actives sont présentées ci-dessous ; les capitalisations boursières des monnaies citées sont issues de *statista.fr*.

| Crypto-monnaie | Année de création | Capitalisation fin 2018 (Mds $) | Capitalisation fin 2020 (Mds $) |
|---|---|---|---|
| Bitcoin | 2008 | 113,8 | 254,75 |
| Ethereum | 2015 | 48,1 | 43,31 |
| XRP (ex. Ripple) | 2012 | 19,8 | 16,76 |
| Tether (ex. Realcoin) | 2014 | 2,7 | 16,75 |
| Bitcoin Cash* | 2017 | 13,9 | 4,38 |
| Litecoin | 2011 | 5,0 | 2,48 |

Sources : à partir de données de statista.fr
*Le Bitcoin Cash est né d'une extension du Bitcoin pour augmenter la capacité de traitement de la chaîne (augmentation de la taille des blocs) pour faire face à un accroissement du nombre d'utilisateurs de Bitcoin. On parle de bifurcation (*Hard Fork*) du protocole Bitcoin.

En mars 2021, le système de paiement PayPal a annoncé qu'il sera bientôt possible de régler ses achats en crypto-monnaie. Le service appelé « Checkout with Crypto » permettra une conversion des monnaies privées en monnaie fiduciaire opérée sans frais de transaction supplémentaire aux dires de PayPal. Cette prestation arrive quelques années après le process mis en place par Square et quelques jours après que Tesla autorise les paiements en Bitcoin (sans conversion cependant).

## ■ *La* blockchain *: aperçu*

La *blockchain* permet de stocker et de transmettre des informations en temps quasi-réel sans passer par des intermédiaires avec une sécurité maximale.

**Description du processus simplifié**

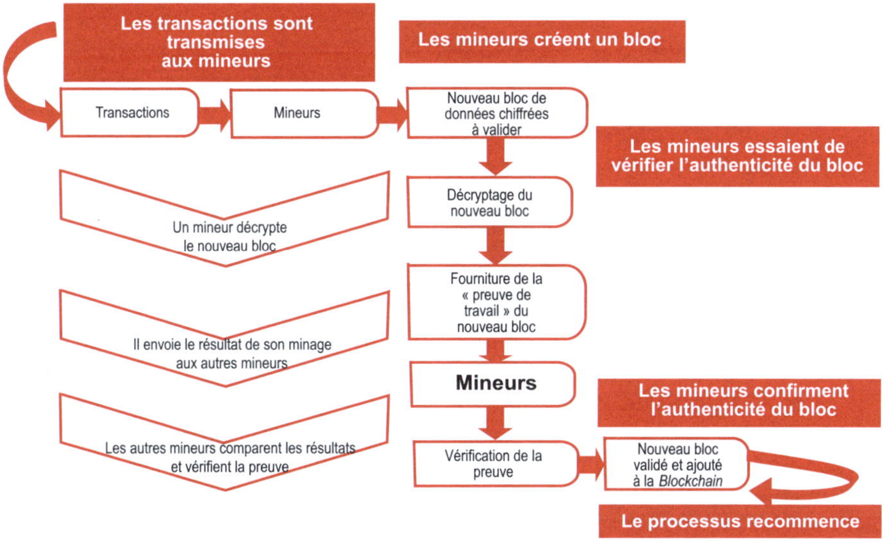


Source : Banque de France (https://abc-economie.banque-france.fr/mot-de-lactu/blockchain)

Les contrepartistes (acheteur et vendeur) sont identifiés par la technologie cryptographique. Leur transaction est introduite dans un réseau décentralisé via des nœuds de stockage d'informations. On parle de nœud pour tout type de périphérique apte à recevoir, transmettre et stocker des informations. Les transactions s'accumulent pour être stockées selon un mécanisme appelé consensus (qui assure la sécurisation), via des données authentifiées par des centres de données appelés « mineurs ». Les nœuds sont accessibles à toutes les parties prenantes des transactions et ces transactions, une fois validées, s'ajoutent aux précédents dans les blocs de données chiffrées. Ces blocs viennent s'ajouter aux précédents et cette intégration est « chronologique, indélébile et infalsifiable » tout autant que les blocs sont transmis à l'ensemble des nœuds du réseau.

## Le projet de crypto-monnaie de la Banque de France

**Liminaire**
La Banque Populaire de Chine réfléchit depuis 2015 à développer une monnaie virtuelle. Depuis le 6 avril 2021, le e-yuan est émis par la Banque centrale et distribué par les banques commerciales via une application dédiée. Au-delà de la traçabilité permise sur toutes les transactions, l'État chinois souhaite entamer le leadership du dollar (le dollar reste utilisé dans 88 % des échanges internationaux, contre 4 % pour le yuan).

La Bank of England vient de lancer une réflexion sur une monnaie virtuelle, comme l'avait fait la Banque de France un an auparavant. On parle désormais de MDBC, monnaie digitale de Banque centrale. Elle a très vite rappelé qu'une monnaie de banque centrale était une « monnaie directement émise par la banque centrale et constitue l'actif de règlement de référence liquide et sûr [...]. Actuellement et partout dans le monde, elle se présente sous deux formes : d'une part les billets et les pièces (monnaie dite fiduciaire), d'autre part les sommes placées par les banques commerciales dans les comptes qu'elles détiennent auprès de la banque centrale ».

Il ne s'agit pas de « remplacer ces deux formes existantes de monnaie centrale, mais d'identifier comment les technologies innovantes pourraient améliorer l'efficacité et la fluidité des systèmes de paiement et des infrastructures financières, pour un meilleur secteur financier au service du bon financement de l'économie ».

« Un certain nombre d'initiatives privées ont déjà proposé de nouveaux canaux et modes d'échanges numériques, en particulier en Europe, pour améliorer le fonctionnement des infrastructures de marché. Ces projets s'orientent vers la création et la circulation de jetons numérisés, qui visent à se substituer à des espèces ou qui représentent des instruments financiers. Ils s'inscrivent dans une tendance de fond caractérisée par l'émergence de nouvelles formes d'actifs numériques : "*utility tokens*", "*security tokens*", "*stable coins*" sont autant de nouveaux concepts qui invitent les autorités financières à examiner les opportunités, les risques et les enjeux qui y sont associés. C'est dans ce cadre que la monnaie de la banque centrale, utilisée pour assurer la sécurité des règlements sur les marchés financiers, a toute sa place ».

Quoiqu'il arrive, comme indiqué dans une note d'information du 5 juin 2020, la « Banque de France ne fera pas de création monétaire dans le cadre de ce programme ».

Quant à la BCE, elle a annoncé, en avril 2021, qu'un e-euro devrait être créé en 2026.

Chapitre 2

# Banque et environnement macroéconomique et réglementaire

*L'activité bancaire est l'une des activités les plus réglementées dans toutes les économies. Cette réglementation est domestique et internationale. En France, l'élément fondateur fut la loi bancaire de 1984 qui a instauré les autorités de tutelle qui sont elles-mêmes soumises à un environnement réglementaire européen et international dans un contexte de généralisation de l'économie de marché avec pour corollaire, dans le domaine bancaire, une politique monétaire menée par la Banque centrale européenne.*

## 1 De la loi bancaire de 1984 à l'Europe bancaire

Si les banques existent depuis plus d'un siècle, il a fallu attendre les années 1980 en France pour voir le système bancaire français se doter d'un encadrement juridique commun via la loi bancaire du 24 janvier 1984, régulièrement réactualisée et désormais intégrée dans le Code monétaire et financier.

Détour historique de l'encadrement juridique français :

- la loi des 13 et 14 juin 1941 organise la profession bancaire en distinguant les banques (habilitées à recevoir des fonds du public) et les établissements financiers ;
- la loi du 2 décembre 1945 nationalise la Banque de France et quatre grandes banques de dépôts (BNCI – Banque Nationale du Commerce et de l'Industrie –, CNEP – Comptoir National d'Escompte de Paris –, Société Générale et Crédit Lyonnais) ;
- les décrets dits « Debré – Haberer » de 1966 et 1967 réorganisent les conditions de l'activité bancaire en privilégiant l'activité principale davantage que la durée des opérations. C'est le début de la déspécialisation des banques ;
- la première directive européenne de coordination du 12 décembre 1977 impose l'agrément de l'État pour la création d'un établissement ;

- la loi du 11 février 1982 nationalise les principaux établissements ;
- la loi du 24 janvier 1984 uniformise l'activité bancaire en généralisant la notion d'établissement de crédit ;
- la loi du 14 décembre 1985 réforme le marché monétaire en créant un marché des titres de créances négociables ouvert à tous types d'émetteurs (entreprises industrielles et commerciales) et tous types d'investisseurs et un marché interbancaire exclusivement réservé aux établissements de crédit et à la Banque centrale ;
- la loi du 6 août 1986 décide de la privatisation des banques qui s'étalera essentiellement sur 1986 et 1987 ;
- l'encadrement du crédit est supprimé en 1987, le contrôle des changes l'est en 1989 ;
- la directive européenne du 17 avril 1989 établit les règles en matière de fonds propres des établissements de crédit ;
- la loi du 2 juillet 1996 (loi de modernisation des activités financières) transpose la directive du 10 mai 1993 en matière de services d'investissement, créant la catégorie d'entreprise d'investissement ;
- la loi du 25 juin 1999 dite sur l'épargne et la sécurité financière instaure un fonds de garantie des dépôts commun à l'ensemble des établissements ;
- la loi du 1er août 2003 dite sur la sécurité financière crée l'AMF – Autorité des marchés financiers (fusion de la COB – Commission des Opérations de Bourse – et du CMF – Conseil des marchés financiers) et crée deux organes de régulation bancaire : le CCLRF – Comité consultatif de la législation et de la réglementation financières – et le CCSF – Comité consultatif du secteur financier ;
- l'ordonnance du 12 avril 2007 transpose la directive des marchés d'instruments financiers dite MIF ;
- l'ordonnance du 15 juillet 2009, transposant la directive sur les services des paiements, crée les établissements de paiement ; on notera que cette directive a été révisée au profit de la DSP 2 dont les principaux éléments résident dans les notions de services d'initiation de paiement (possibilité d'initié un ordre de paiement à la demande d'un « utilisateur à partir d'un compte de paiement détenu auprès d'un autre PSP ») et de service d'information sur les comptes (offrant la consolidation d'informations relatives à un ou plusieurs comptes de paiement de paiement détenus par un utilisateur chez un ou plusieurs autres PSP) ;
- selon l'ACPR, la DSP 2 du 25 novembre 2015 s'inscrit dans la continuité de la DSP 1 de 2007 pour adapter « le cadre réglementaire des services de paiement aux défis posés par l'apparition

de services innovants, par la croissance rapide des paiements électroniques et par le rythme soutenu de l'innovation technique » ;

**Focus**

La ***DSP 2*** est entrée en vigueur en janvier 2018. Au-delà du cadre réglementaire unique imposé à tous les acteurs et tout particulièrement aux nouveaux entrants (neo-banques et autres Fintech), elle durcit les règles d'authentification des clients dès qu'une opération dépasse 30 euros, ceci afin de limiter les risques de *web scraping*.

On entend par « *web scraping* » l'extraction de données personnelles issues du web. À cette fin, notons également l'entrée en vigueur le 25 mai 2018 du ***RGPD – Règlement général sur la protection des données***.

La DSP2 impose :

– une interdiction de surfacturation lors d'un règlement par carte bancaire ;

– un renforcement des droits du consommateur (ex. : abaissement de la franchise restant à la charge du client lors d'un paiement frauduleux par carte avant opposition de 150 à 50 €) ;

– une authentification forte avec par exemple deux mots de passe, etc.

En parallèle, les banques devront ouvrir leurs données à des tiers, les prestataires de services de paiement tels que Bankin' (premier agrégateur de données à obtenir l'agrément DSP2, et le plus gros agrégateur en France avec 4 millions d'usagers en 2020). Mais, afin de préserver les intérêts des clients des banques, la DSP2 interdit l'accès des prestataires de services de paiement à toutes données du compte de paiement autres que celles pour lesquelles ledit client a donné son accord.

Depuis mai 2021, tout paiement en ligne, quel qu'en soit son montant, est authentifié très strictement : la banque n'acceptera ledit paiement que si au moins trois critères sont jugés sûrs par les autorités, code personnel, biométrie et possession d'un smartphone.

– l'ordonnance du 21 janvier 2010 crée l'ACP (Autorité de contrôle prudentiel) devenue ACPR (Autorité de contrôle prudentiel et de résolution) depuis juillet 2013 ;

– la loi du 22 octobre 2010 dite de régulation bancaire et financière a posé les premiers éléments de la régulation du secteur financier pour « améliorer le financement de l'économie pour accélérer la reprise ». Le système bancaire français est régi par le cadre général de la loi bancaire de 1984 aménagée qui a déterminé des catégories d'établissement et mis en place des autorités de tutelle communes à ces établissements ; mais il est en partie réformé avec la loi du 26 juillet 2013 ;

– la loi du 26 juillet 2013 dite loi de séparation et de régulation des activités bancaires a pour principal objectif de lutter contre et de limiter les dérives de la finance apparues à l'occasion de la crise commencée en 2007. Sa philosophie principale repose sur la séparation des métiers ainsi que la prévention et la résolution des crises en vue de mieux protéger les consommateurs, les emprunteurs et les assurés. Elle propose 100 mesures que nous résumons de la manière suivante :
  - séparation des activités utiles au financement de l'économie des activités spéculatives : filialisation des activités bancaires spéculatives avec interdiction de l'exemption d'agrément pour les filiales,
  - lutte contre les paradis fiscaux et le blanchiment des capitaux,
  - régulation du marché des matières premières avec extension des procédures et sanctions contre les abus de marché aux systèmes multilatéraux de négociation, limitation des positions des intermédiaires sur les matières premières agricoles...,
  - encadrement du trading haute fréquence avec informations obligatoires sur les dispositifs de traitement automatisé et réorganisation des plateformes électroniques de négociation pour limiter les ordres perturbateurs,
  - répression des abus de marché,
  - surveillance accrue du secteur bancaire avec encadrement des rémunérations, surveillance macro-prudentielle et renforcement des pouvoirs de l'ACPR...,
  - protection des consommateurs avec plafonnement des frais d'incidents, inclusion bancaire, prévention du surendettement... ;

– l'ordonnance du 20 février 2014 porte disposition d'adaptation au droit de l'Union européenne et transpose en droit français la CRD4. Depuis le 1er janvier 2014, ce que l'on appelle le Paquet, la Directive CRD4 et le règlement CRR, intègre en droit européen les accords de Bâle III (cf. Chapitre 3) qui préconisent de nouvelles normes en matière de solvabilité et de liquidité ;

– le 4 novembre 2014, l'Europe bancaire est officiellement née avec la mise en place du mécanisme de surveillance unique que la BCE a désormais en charge pour assurer de façon durable la stabilité du secteur bancaire ;

– le 17 juin 2016, les ministres des Finances signaient un accord pour continuer la construction de l'Union bancaire grâce à une feuille de route : les mesures proposées pour réduire les risques dans le secteur financier incluent aussi bien de nouveaux textes législatifs et des modifications des règles en vigueur que des initiatives non législatives ainsi qu'une application des actes juridiques existants. Les objectifs sont les suivants : veiller à la résilience et au bon fonctionnement de l'union bancaire, renforcer la sécurité juridique, contribuer à la stabilité générale dans la zone euro, assurer à toutes les banques des conditions de concurrence équitables dans l'union bancaire (source : http://www.consilium.europa.eu/) ;

- le 7 juin 2017, la nouvelle Union bancaire était à l'épreuve pour sauver la 7e banque espagnole, Banco Populare, générant sa première opération dans son exercice de résolution. Banco Populare a été, sur injonction de la BCE, rachetée pour un euro symbolique par Santander, elle-même chargée dorénavant de nettoyer les comptes de la cible. À cette fin, Santander devra procéder à une augmentation de capital de 7 milliards d'euros pour rester dans les normes internationales édictées en termes de fonds propres. *In fine*, les actionnaires et certains créanciers (les obligataires) paieront, sans qu'il soit fait appel aux clients ou aux contribuables ;
- le 26 juin 2017, alors même que Monte Paschi di Sienna reste en difficulté, deux banques italiennes, Populare di Vicenza et Vento Banca, étaient restructurées : l'État italien apporte une aide de 5,2 milliards d'euros (pour le rachat des créances douteuses) auxquels 12 milliards de garantie se rajoutent ; Intesa San Paolo rachète l'activité saine des banques pour 1 € symbolique ; 600 agences seront fermées et 3 900 emplois seront supprimés sur la base de départs volontaires *a priori* ;
- cette stratégie s'appuie sur la technique du *bail-out* (renflouement par l'État et/ou les clients), plutôt que celle déployée en Espagne quelques jours plus tôt de *bail-in*, principe pourtant promulgué par l'Union Bancaire. Il est donc légitime de questionner ladite Union Bancaire ? Selon les décideurs de l'approche retenue, la technique du *bail-in* aurait requis une intervention du fonds de garantie des dépôts pour 12,5 milliards d'euros, induisant alors des augmentations de capital des autres banques italiennes (hors de Intesa) afin que ces dernières continuent de respecter les normes de solvabilité. On notera que si les marchés financiers ont salué la décision des pouvoirs publics, cela démontre que le principe du *bail-in* promu par l'Union ne sera malheureusement pas systématiquement respecté... ; pour plus d'informations, le lecteur se reportera au chapitre suivant sur les autorités de tutelle européennes ;
- le système bancaire français a subi dernièrement ce que certains appellent un « big bang » via la loi dite Macron du 6 février 2017 qui instaure le principe de la mobilité bancaire. Les banques sont désormais tenues d'assurer gratuitement les démarches à faire pour leurs nouveaux clients (continuité des paiements, virement, etc.) si ceux-ci ont signé un contrat de liquidité. Cette loi s'inscrit dans le même état d'esprit que celle de la libéralisation du marché de l'électricité ou encore de la téléphonie mobile. Elle ouvre ainsi la porte aux nouveaux entrants que sont les neo-banques ou les prestataires de services de paiement ;
- enfin on peut noter une avancée sur le plan de la construction européenne : le PEPP – *Pan-European Personal Pension* –, un cadre commun aux États-membres pour un produit d'épargne retraite susceptible d'être ajusté par chaque État (ex. : aménagement fiscal). Le support a été pensé dès 2017 et les pouvoirs politiques européens se sont accordés en décembre 2018, l'accord a été entériné le 13 février 2019. Il sera publié au Journal officiel européen en juin 2019 et devra être transposé dans le droit de chaque pays dans les ans qui suivent ;

– selon le Conseil européen, le PEPP offrira une portabilité dans chaque État-membre avec possibilité de changer de fournisseur, en nombre suffisant pour permettre une compétition en termes de tarifs, avec plafonnement des coûts de transfert et protection du détenteur ;

**Focus : loi sur la transition énergétique du 17 août 2015, art. 173-VI**

L'article 173-VI de la loi sur la transition énergétique du 17 août 2015 requiert de la part des investisseurs institutionnels d'être transparents sur l'impact de leur investissement sur le climat. À cette fin, des indicateurs devaient permettre de :

« Mesurer l'empreinte carbone de leur portefeuille d'investissement : cet indicateur calcule les émissions de gaz à effet de serre générées par les investissements.

Analyser leur exposition aux risques de transition et aux risques physiques : ce sont les impacts financiers potentiels liés à la transition bas-carbone des économies et liés aux impacts physiques (évènements climatiques extrêmes, montée du niveau des eaux, etc.).

Mesurer leur contribution à la lutte contre le changement climatique : cela se traduit par une mesure de l'alignement d'un portefeuille par rapport à une trajectoire deux degrés, et le calcul des parts vertes (finançant la transition) et brunes (contraires à la transition). »

Source : Institut for Climate Economics

– la loi PACTE et les conséquences sur l'activité financière. La loi PACTE – Plan d'Action pour la Croissance et la Transformation des Entreprises – a été votée le 11 avril 2019. Son objectif principal est de faciliter la création et le développement des entreprises avec, entre autres, un volet financement important.

Afin d'orienter l'épargne vers ce financement des entreprises les éléments suivants sont désormais impactés :

- assurance-vie : possibilité de transférer son épargne d'un contrat d'assurance à un autre en maintenant l'antériorité fiscale. Possibilité également, jusqu'au 1er janvier 2023, de transférer sous conditions un contrat d'assurance-vie vers le nouveau plan épargne retraite sans conséquence fiscale,
- Plan Épargne-Retraite : transfert de l'épargne d'un support à un autre avec harmonisation fiscale ; choix de sortir en rente ou en capital au moment de la retraite, etc.,
- Plan Épargne en Action : le PEA-PME, plafonné à ce jour à 75 000 €, pourra recevoir 75 000 € supplémentaires à condition que le total des versements sur un PEA (plafond de 150 000 €) et un PEA-PME ne dépasse pas 225 000 € (450 000 € pour un couple) ; éligibilité au PEA-PME des titres émis via des plateformes de financement participatif ; retraits partiels après 5 ans,

- création d'un PEA jeune avec versements plafonnés à 20 000 €, transformable en PEA classique à la majorité.

## Les différentes catégories d'établissements

La loi bancaire a catégorisé les établissements de crédit selon qu'ils sont habilités ou non à faire tous types d'opérations de banque. Puis ont été créés successivement les entreprises d'investissement et les établissements de paiement.

### a) Les établissements de crédit

On distingue :

– les « banques » et les banques mutualistes/coopératives :

- les « *banques* » qui sont habilitées à faire toute opération de banque, c'est-à-dire recevoir des fonds du public, accorder des crédits aux entreprises et ménages quelle que soit la durée de ces dépôts et crédits, et mettre à disposition de la clientèle les moyens de paiement.
  Parmi ces établissements, on relève les « trois vieilles », BNP-Paribas, Société Générale et LCL (ex. : Crédit Lyonnais), HSBC France, le CIC, le Crédit du Nord, etc.,
- les « banques mutualistes ou coopératives » qui sont habilitées à faire toute opération de banque. Elles sont donc les « cousines germaines » des banques, à la différence près de leur statut juridique de mutuelle et/ou de coopérative qui leur donne une organisation particulière. Elles sont dotées d'une instance nationale et de caisses ou banques régionales en partie indépendantes.
  Parmi ces établissements, on relève le Crédit Agricole, les Caisses d'Épargne et Banques Populaires, le Crédit Mutuel, le Crédit Coopératif ;

– les caisses de Crédit Municipal, qui collectent des fonds et gèrent des moyens de paiement, mais sont surtout spécialisées dans les prêts sur gages. Plus connu sous le nom de Mont-De-Piété, le Crédit Municipal de Paris définit le prêt sur gage de la manière suivante : « Contre le dépôt d'un objet de valeur (bijou en or, bijou signé, montre, argenterie, tableau, sculpture, tapis, mobilier, tapisserie, verrerie, fourrure, instrument de musique, bouteilles de grands crus...), un prêt vous est accordé immédiatement. C'est la valeur estimée de l'objet sur le marché des enchères publiques qui détermine le montant du prêt » ;

– les établissements de crédit spécialisés qui sont habilités à faire certaines opérations de banques spécifiquement déterminées selon leur statut législatif ou réglementaire ou décision d'agrément. Les établissements plus connus sont les sociétés de crédit à la consommation (Cetelem, Cofinoga, Sofinco, etc.) ou encore les Sofica – Sociétés pour le financement du cinéma et de l'audiovisuel. On notera que les ex-sociétés financières sont devenues des établissements de crédit spécialisés sauf si elles ont opté pour le statut de société de financement.

On entend par ***société de financement*** une personne morale autre qu'un établissement de crédit qui effectue des opérations de crédit dans des conditions fixées par leur agrément.

### b) Les prestataires en services d'investissement

On entend par ***prestataire de services d'investissement*** un établissement ayant reçu son agrément pour fournir des services d'investissement. Les ***services d'investissements*** sont (C. mon. fin., art. L. 531-4, L. 321-1 et L. 211-1) :

- la réception et la transmission d'ordres pour le compte de tiers ;
- l'exécution d'ordres pour le compte de tiers ;
- la négociation pour compte propre ;
- la gestion de portefeuille pour compte de tiers ;
- le conseil en investissement ;
- la prise ferme ;
- le placement garanti et non garanti ;
- la gestion d'un système multilatéral de négociation.

### c) Les prestataires de services de paiement

On entend par ***prestataire de services de paiement*** une personne morale autre qu'un établissement de crédit qui fournit des services de paiement à titre de profession habituelle. Notons à titre d'exemples que les acteurs tels que PayPal, SoFort et autres HiPay sont des PSP.

Les services de paiement sont (C. mon. fin., art. L. 314-1-II) :

- les services permettant de verser ou de retirer des espèces sur un compte de paiement ainsi que les opérations de gestion d'un tel compte ;
- l'exécution des opérations de paiement ;
- la transmission de fonds ;
- l'émission d'instruments de paiement et/ou l'acquisition d'ordres de paiement ;
- les opérations exécutées notamment par des opérateurs télécom ou des fournisseurs d'accès à Internet dans le cadre desquelles l'opérateur agit uniquement comme intermédiaire dans la relation de paiement et le consentement du payeur est donné via le dispositif de télécommunication, numérique ou informatique de cet opérateur.

Le lecteur se reportera au paragraphe consacré à la DSP 2 pour des informations relatives à l'environnement réglementaire.

En conclusion sur les catégories d'établissements, on recense :

- les établissements de crédit (banques et neo-banques) qui offrent des crédits au sens de l'article L. 511-1 du Code monétaire et financier ;
- les établissements de paiement qui offrent des services de paiement ;
- les établissements de monnaie électronique ;
- les agents prestataires de services de paiement, actant comme revendeurs pour le compte des trois premières catégories d'établissement ;
- les intermédiaires en opérations de banques et en services de paiement (IOBSP), intervenant comme simples intermédiaires entre l'établissement financier et les clients ou distributeurs des produits de l'établissement.

Seules les trois premières catégories sont soumises à l'agrément de l'ACPR.

## *Les autorités de tutelle*

Les établissements de crédit sont soumis à des autorités de tutelle tant européennes et internationales que domestiques, mais elles sont également soumises *a minima* à une entité particulière qu'est la banque centrale.

### a) Le système européen des banques centrales

Une ***banque centrale*** est l'autorité monétaire centrale d'un pays ou d'une zone monétaire dotée du pouvoir d'émission des billets ; elle met en œuvre la politique monétaire, gère les réserves de change et intervient potentiellement comme ***prêteur en dernier ressort***. Elle est la banque des banques.

**De la Banque de France à la Banque centrale européenne**

- 18 janvier 1800 : création de la Banque de France
- 1848 : la Banque de France est dotée du privilège de l'émission de la monnaie
- 1870 : les billets de banque ont cours légal
- loi 22 avril 1906 : l'État contrôle l'actionnariat de la Banque de France
- 1926 : la Banque de France est responsable de la stabilisation du franc

– loi 24 juillet 1936 : l'État se dote de plus de pouvoir dans la gestion de la Banque de France
– loi 2 décembre 1945 : nationalisation de la Banque de France
– loi 3 janvier 1973 : la mission générale de la Banque de France est clairement définie comme étant celle de veiller sur la monnaie et le crédit
– loi 31 décembre 1993 : indépendance de la Banque de France
– 1er juillet 1998 : création de la Banque centrale européenne

Dans la zone monétaire européenne, l'autorité de tutelle est la BCE, les banques centrales nationales telles la Banque de France sont ses « satellites ».

Le SEBC est, comme indiqué ci-après, composé de la BCE et des banques centrales nationales. Il est dirigé par les instances de décision de la BCE, à savoir tout particulièrement le Conseil des gouverneurs et le directoire.

À noter : le SEBC regroupe l'ensemble des banques centrales nationales, y compris celles des pays qui n'ont pas adopté l'Euro ; si l'on ne considère que celles des pays de l'Eurozone, on parle d'***Eurosystème***.

Le SEBC – ***Système européen des banques centrales*** – se présente ainsi de la manière suivante :

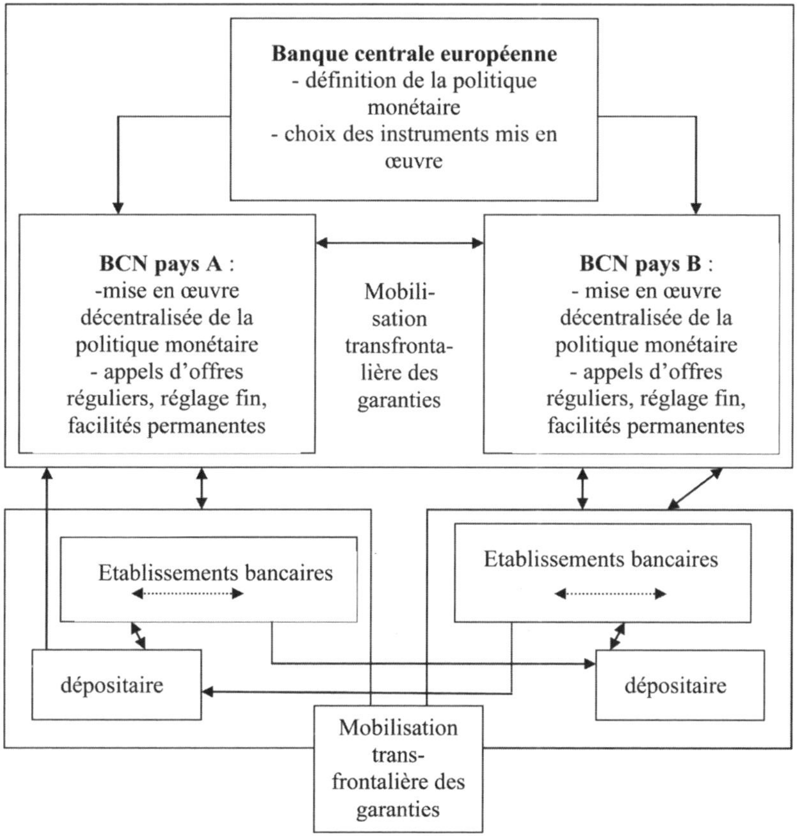


Source : Banque de France

## b) Les autorités de tutelle européennes et internationales

Il n'existe pas à proprement parler d'autorité bancaire supranationale. Seule la ***Banque des Règlements Internationaux*** pourrait jouer ce rôle. Mais la banque créée en 1930, si elle est considérée comme la banque des banques centrales, n'a pas de pouvoir hiérarchique sur ces dernières. Son rôle se cantonne à faire des propositions de régulation *via* le ***Comité de Bâle*** qui édicte les ratios de solvabilité mais n'oblige en rien à leur application.

En revanche, l'Europe s'est dotée, tout particulièrement depuis la crise financière, d'instance supranationale, dont l'architecture est la suivante :

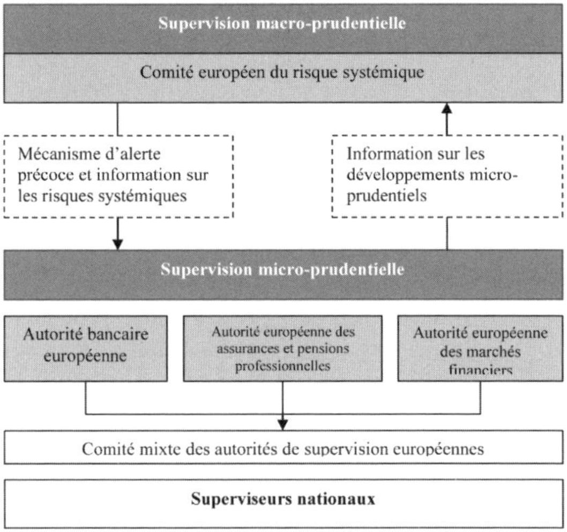


Source : BCE

Notons dans cette architecture (source : ACPR) :

- le Comité européen du risque systémique, chargé de surveiller et d'analyser les risques qui pèsent sur la stabilité du système financier dans son ensemble (surveillance macro-prudentielle), émet des alertes rapides en cas de risque systémique et, le cas échéant, formule des recommandations concernant les mesures correctives à prendre et des avertissements aux États membres (et aux autorités de surveillance nationales) ainsi qu'aux autorités européennes, qui devront s'y conformer ou se justifier s'ils ne s'y conforment pas ;

- l'Autorité bancaire européenne est chargée d'harmoniser les règles prudentielles, d'assurer la coordination entre les autorités de supervision nationales et de jouer un rôle de médiation. L'objectif est de mettre en place une supervision à l'échelle européenne sans remettre en cause la compétence des autorités nationales pour la supervision au jour le jour des établissements de crédit. Elle peut édicter des standards techniques qui, une fois approuvés par la Commission européenne, seront directement applicables. En cas de manquement au droit communautaire par le superviseur national, l'ABE pourra prendre des décisions directement applicables aux établissements de crédit.

Au total, les autorités européennes de surveillance sont les suivantes : l'***Autorité bancaire européenne*** (susnommée), l'***Autorité européenne des assurances et des pensions professionnelles***, l'***Autorité européenne des marchés financiers***, le ***Comité mixte des autorités européennes de surveillance***.

Depuis 2020, face aux scandales de blanchiment, dont le plus connu en Europe est celui de la *Danske Bank* (impliquée dans des affaires de blanchiment entre 2007 et 2015 pour 200 Mds € via sa filiale estonienne), l'ABE est dotée de pouvoirs étendus dans la lutte contre le blanchiment et devient « seule responsable du pilotage, de la coordination et du suivi des efforts ».

### c) L'Union bancaire et le Paquet bancaire

Le 4 novembre 2014, l'Union bancaire européenne est entrée en vigueur. Deux ans auparavant, la Commission européenne avait adopté deux principes de supervision : la surveillance et la supervision directe des banques européennes par la BCE et la mise en place d'un mécanisme européen de supervision.

L'***Union bancaire*** repose sur la supervision unique par la BCE des plus grandes banques, la résolution des crises bancaires (principe de *bail-in*, selon lequel les acteurs privés et internes renflouent les banques en difficulté (cf. ci-après la BRRD), grâce notamment au fonds de résolution) et la garantie des dépôts.

Le ***mécanisme de supervision unique*** s'adresse aux 6 000 banques de l'Union européenne dès que les banques affichent des actifs pour 30 Mds € minimum ou un ratio Actifs / PIB supérieur à 20 % ou sur demande du superviseur national (au total, ces critères amènent 128 banques à être contrôlées par la BCE).

Le fonds de résolution devrait être abondé à hauteur de 55 Mds € par les banques elles-mêmes jusqu'en 2024.

Globalement, l'Union bancaire européenne (projet adopté le 15 avril 2014) fonctionnera de la manière suivante :

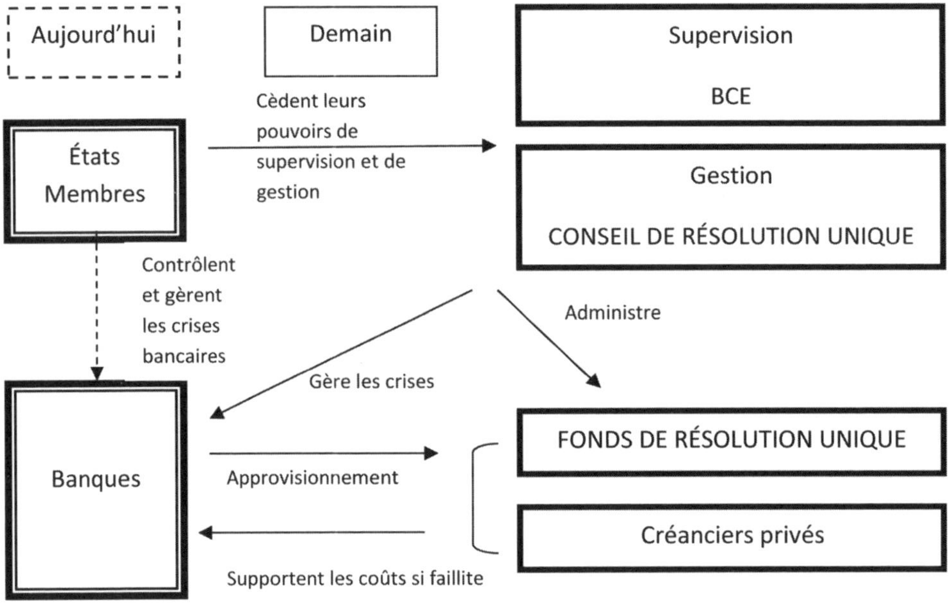


Source : http://www.economie.gouv.fr/europe-union-bancaire

Au regard du schéma, on comprend que la supervision est désormais unique et faite par la BCE, via le mécanisme mis en place le 4 novembre 2014.

La résolution des crises bancaires, principe acté par la directive du 15 avril 2014, permet, depuis 2016, de prioriser les acteurs privés en matière de renflouement dit interne, ou *bail-in*. Un Conseil de résolution unique a été créé pour la gestion de la liquidité et dès maintenant un fonds de résolution commun est abondé par les banques. Enfin, la directive du 15 avril 2014 a amendé la directive relative à la garantie des dépôts pour renforcer la protection des déposants en leur permettant de récupérer, le cas échéant, leur fonds dans un délai raccourci de 7 jours ouvrés.

En France, la directive BRRD (Directive relative au redressement des banques et à la résolution de leur défaillance) a été transposée par l'ordonnance du 20 août 2015. En cas de défaillance bancaire la résolution de renflouement interne (***bail-in***) permet de faire absorber les pertes et de reconstituer les fonds propres par les créanciers de la banque. Seuls les dépôts supérieurs à 100 000 € sont concernés. La mesure est entrée en vigueur le 1er janvier 2016 (cf. chapitre précédent).

**Focus : le paquet bancaire**

Le 25 mai 2018, le Conseil a arrêté sa position sur un train de mesures destiné à réduire les risques dans le secteur bancaire.

Les propositions ont repris les éléments approuvés par le Comité de Bâle et le Conseil de la stabilité financière.

« Le paquet approuvé par le Conseil comprend deux règlements et deux directives, portant sur les ***exigences de fonds propres des banques***, le ***redressement*** des banques en difficulté et la ***résolution*** de leurs défaillances.

Les propositions relatives aux exigences de fonds propres des banques prévoient un ratio de ***levier*** contraignant, destiné à empêcher les banques de jouer excessivement sur l'effet de levier, et un ratio de financement stable net contraignant.

Elles renforcent les exigences de fonds propres ***sensibles au risque*** pour les banques qui sont très actives dans la négociation de titres et de produits dérivés. En outre, elles exigent de la part des ***Établissements d'importance systémique mondiale*** (EISm) une plus grande capacité d'absorption des pertes et de recapitalisation en cas de résolution.

Les propositions relatives au redressement des banques et à la résolution de leurs défaillances mettent en œuvre la norme relative à la "***capacité totale d'absorption des pertes***" (TLAC) élaborée en novembre 2015 par le Conseil de stabilité financière.

Elles intègrent l'exigence de TLAC dans les règles relatives à l'"exigence minimale de fonds propres et d'engagements éligibles" de l'UE (MREL). Si la norme TLAC fixe des obligations pour les EISm uniquement, l'exigence MREL s'applique, quant à elle, à l'ensemble du secteur bancaire de l'UE ; les propositions traitent de ce point et des autres différences entre les deux normes.

Un compromis a été dégagé aujourd'hui entre les ministres sur un certain nombre de points, dont :

– le niveau et la qualité nécessaires de la ***subordination des engagements*** en cas de procédure engagée à l'égard d'EISm, ou d'autres établissements bancaires susceptibles de poser un

risque systémique pour la stabilité financière, qui doivent faire l'objet d'une procédure de résolution de la défaillance bancaire ;
– la mise en œuvre des ***nouvelles exigences de fonds propres relatives au risque de marché***, la "révision fondamentale du portefeuille de négociation" engagée par le Comité de Bâle ;
– une méthode de calcul ajustée du "score" des EISm.
L'union bancaire vise à asseoir le secteur bancaire européen sur des bases plus saines, tout en évitant le recours, aux fins de la résolution des défaillances des banques non viables, à l'argent des contribuables. Lancée en 2012 pour remédier à l'interdépendance banques-dettes souveraines en Europe, elle suppose un transfert de responsabilités au niveau de l'UE. Elle regroupe actuellement les dix-neuf pays de la zone euro, sept autres États membres ayant manifesté leur intention de s'y associer.
Deux autres des propositions présentées par la Commission en novembre 2016 ont fait l'objet d'une procédure accélérée et ont été adoptés en 2017.
Il s'agit du rang des instruments de dette non garantis dans les ***procédures d'insolvabilité*** et de l'intégration progressive des incidences sur les fonds propres réglementaires de l'introduction de la ***norme comptable internationale*** IFRS 9. En outre, il est prévu de supprimer progressivement les dispositions relatives au traitement des grands risques en ce qui concerne certaines expositions du secteur public libellées en monnaies non nationales des États membres. »

Source : *http://www.consilium.europa.eu/fr*

Le 16 avril 2019, les accords de Bâle étaient transposés via le paquet bancaire approuvé par le Parlement européen, précisément par deux véhicules législatifs : le CRR II (Capital Requirements Regulation II) et le CRDV (Capital Requirements Directive V). v. Chapitre 3.

### d) Les autorités de tutelle françaises

Globalement, on trouve quatre autorités de tutelle, devenues communes à l'ensemble des professions financières, l'Autorité de contrôle prudentiel étant la plus importante.

#### *1) L'ACPR – Autorité de contrôle prudentiel et de résolution*

Créée par l'ordonnance du 21 janvier 2010, elle résulte de la fusion de la Commission bancaire, de l'Autorité de contrôle des assurances et mutuelles, du Comité des établissements de crédit et des entreprises d'investissement et du Comité des entreprises d'assurance.

Elle est l'autorité de supervision des établissements de crédits et des entreprises d'assurance ; à ce titre, elle est chargée de l'agrément et du contrôle de ces établissements. Son objectif final est de surveiller et maintenir la stabilité financière en protégeant les clients.

Plus précisément, ***ses missions*** sont les suivantes (C. mon. fin., art. L. 612-1) :

- contribuer à la stabilité financière : elle agrée les entreprises des secteurs de la banque et de l'assurance puis surveille leur situation financière. À cette fin, elle contrôle le respect des normes de solvabilité et des règles de liquidité des établissements et s'assure que ceux-ci sont capables, à tout moment, de tenir leurs engagements ;
- protéger la clientèle : elle veille au respect des règles destinées à la protection de la clientèle, à savoir les dispositions réglementaires et législatives, les codes de bonne conduite et autres bonnes pratiques ;
- renforcer l'influence de la France sur la scène internationale : elle représente la supervision française sur le plan international en collaboration avec la Banque de France (dont elle est une émanation) et des services compétents de l'État.

Depuis la loi du 26 juillet 2013, l'ACPR remplit le rôle de résolution. Elle est dotée de pouvoir supplémentaire en matière de prévention et de résolution des crises et de gouvernance des établissements financiers ; elle doit notamment vérifier l'application du principe de séparation des activités dites utiles au financement de l'économie et des autres activités dites spéculatives.

Pour remplir ces missions, elle est dotée d'un ***pouvoir de contrôle*** et d'un ***pouvoir de sanction***, sachant que la sanction peut aller jusqu'au retrait d'agrément. Elle est donc le « gendarme » des banques et assurances.

Notons que l'ACPR travaille dans le cadre d'un pôle commun avec l'AMF – Autorité des marchés financiers – qui, elle, contrôle l'ensemble des opérations financières portant sur les entreprises cotées en bourse.

Les deux institutions collaborent avec le ministère de l'Économie doté du pouvoir réglementaire.

L'architecture se présente comme suit (selon la Direction du Trésor) :

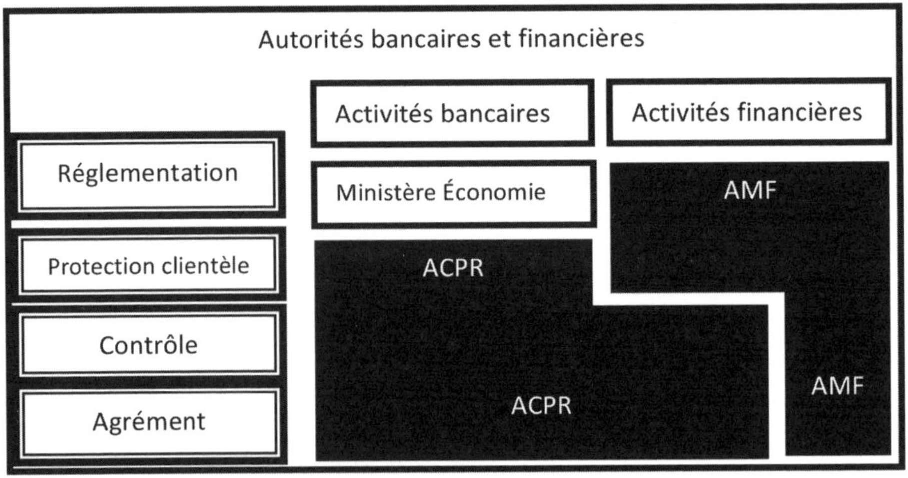


*2) Le CCLRF – Comité consultatif de la législation et de la réglementation financière*

Si le pouvoir réglementaire est aujourd'hui exercé par le ministre des Finances, celui-ci peut être assisté par le CCLRF.

Cette autorité de tutelle est habilitée à donner un avis sur tout projet de texte d'ordre général touchant aux domaines de la banque et des assurances sur saisine du ministre de l'Économie. À cette fin, son champ d'intervention couvre les textes et projets de loi français et européens et les règlements.

*3) Le CCSF – Comité consultatif du secteur financier*

Créé par la loi de sécurité financière du 1er août 2003, il est chargé de traiter les questions des relations entre les établissements financiers (établissements de crédit, établissements de paiement, entreprises d'investissement et compagnies d'assurance) et leurs clients pour proposer, le cas échéant, des mesures *ad hoc* sous forme d'avis ou recommandations.

Notons qu'il a remplacé le Comité consultatif du conseil national du crédit et des titres et la Commission consultative de l'assurance du conseil national des assurances. Enfin, il peut être saisi par le ministre de l'Économie, par l'ACPR ou toute autre organisation professionnelle.

### *4) Le HCSF – Haut Conseil de la stabilité financière*

Le HCSF a été créé par la loi de séparation et de régulation des activités bancaires de juillet 2013 pour se substituer au Conseil de la régulation financière et du risque systémique.

Il se réunit tous les trimestres (depuis sa création en 2014) pour assurer la stabilité financière en France et de prévenir les risques systémiques éventuels, grâce aux instruments macroprudentiels (fonds propres minimum, coussins contra-cycliques...).

À titre d'exemple, notons qu'il a été décidé le 11 juin 2018 d'imposer une surcharge de 0,25 % de leurs fonds propres aux banques françaises afin de minimiser les risques face à l'accroissement de l'endettement privé, ménages et entreprises. Ce taux est passé de 0,25 à 0,50 en janvier 2019.

Dans le cadre de la crise sanitaire, le HCSF a demandé aux banques « une attitude responsable concernant la distribution de dividendes et le versement de rémunérations variables ».

## 2 Les évolutions macroéconomiques

Les évolutions macroéconomiques et tout particulièrement les notions d'économie de marché impactent directement les banques et la politique monétaire.

### ■ *L'économie de marché*

Un ***système financier*** est un système qui assure l'équilibre entre les besoins de financement de certains agents économiques et les excédents d'épargne des autres agents, c'est donc un système qui assure l'adéquation entre les investissements et l'épargne nécessaire au financement de ces investissements. Globalement, il existe deux principaux types de systèmes : intermédié ou désintermédié.

Dans un ***système intermédié***, appelé également ***économie d'endettement***, l'épargne reste concentrée auprès des banques qui, par leur fonction, vont collecter ladite épargne pour ensuite prêter aux agents économiques. Les banques ont donc un rôle de transformation des échéances, elles transforment des dépôts pour la plupart à vue en crédits à court, moyen et long termes. Elles sont les intermédiaires obligés entre les épargnants, apporteurs de ressources, et les investisseurs, demandeurs de crédits.

Face à ce rôle d'intermédiaire, elles sont parfois en manque de ressources, la banque centrale est alors tenue d'intervenir. Elle a un rôle de prêteur en dernier ressort et une fonction très hiérarchique.

Dans un ***système désintermédié***, appelé également ***économie de marché***, il n'existe pas d'intermédiaire bancaire entre les épargnants et les agents ayant des besoins de financement. L'intermédiaire n'est autre que le marché qui permet une rencontre entre l'offre et la demande de capitaux. Les entreprises, États et autres collectivités vont se financer *via* les marchés, c'est l'***appel public à***

***l'épargne***. Les banques ne sont plus les prêteurs obligés, elles vont chercher leur complément de ressources auprès des marchés. La banque centrale intervient alors de façon plus discrétionnaire.

## Le développement du marché interbancaire

Le ***marché interbancaire*** est un des marchés du ***marché monétaire***, lui-même marché des capitaux à court et moyen termes. Il est exclusivement réservé aux établissements de crédit et à leur banque centrale. C'est le marché de la monnaie centrale.

La ***monnaie centrale*** regroupe les billets détenus par les banques et les comptes du Trésor public auprès de la banque centrale, et les avoirs des banques auprès de la banque centrale.

Le rôle du marché interbancaire est d'assurer l'équilibre quotidien des trésoreries des banques en permettant le refinancement des emprunteurs auprès des prêteurs. Notons qu'on parle de ***refinancement*** parce que les banques ont déjà financé l'économie, elles vont donc chercher un moyen de se ***refinancer*** pour financer les crédits qu'elles ont accordés à leur clientèle.

Le marché interbancaire est structurellement déséquilibré, la banque centrale est donc obligée d'intervenir pour combler le déficit en monnaie centrale. Il est dominé par les opérations dites au jour le jour dont le taux de référence est l'***EONIA*** *– Euro Overnight Index Average* (Tempé – taux euro moyen pondéré de la zone euro).

L'EONIA est la moyenne des taux au jour le jour pratiqués par les 57 plus grandes banques de la zone euro sur les transactions à 24 heures de prêts non garantis. Il est calculé par la BCE et diffusé par la Fédération bancaire de l'Union européenne.

Depuis le 2 octobre 2019, ***l'€STR (Euro Short Term Rate)*** a remplacé l'EONIA qui disparaîtra définitivement le 3 janvier 2022. Il représente le coût qu'une banque doit payer pour emprunter de l'argent auprès d'une contrepartie (que celle-ci soit une autre banque ou tout autre établissement financiers). Il est donc plus large que l'EONIA qui ne portait que sur les prêts entre banques. Il est calculé par la BCE sur les transactions réelles et non plus sur des déclarations, afin d'éviter toutes manipulations.

Aux côtés de l'€STR et l'EONIA, il existe un autre taux du marché interbancaire l'***Euribor*** (*Euro Interbank Offered Rate*). C'est le taux interbancaire offert les 57 plus grandes banques. Il est le résultat d'une moyenne quotidienne des taux prêteurs sur 13 échéances, sur une base de 360 jours. Le plus connu est l'Euribor 3 mois. Il sera remplacé par un ***Euribor Hybride*** à partir de 2022, reposant comme l'€STR sur les transactions effectives. On parle de méthodologie hybride parce qu'en cas de données inexistantes sur les transactions, seront pris en compte les jugements d'experts.

Le 24 avril 2021, ces taux du marché interbancaire étaient les suivants dans la zone euro :

| | Juin 2017 | Juin 2018 | Avril 2019 | Février 2020 | Avril 2021 |
|---|---|---|---|---|---|
| EONIA devenu €STR | -0,362 | -0,360 | -0,368 | -0,455 | -0,567 |
| Euribor 1 mois | -0,374 | -0,369 | -0,367 | -0,477 | -0,557 |
| Euribor 3 mois | -0,331 | -0,321 | -0,310 | -0,414 | -0,539 |
| Euribor 6 mois | -0,273 | -0,267 | -0,236 | -0,357 | -0,515 |
| Euribor 12 mois | -0,161 | -0,161 | -0,11 | -0,284 | -0,476 |

Source : Banque de France

Notons que ces taux sont les taux pratiqués entre banques commerciales (par opposition à la banque centrale) ; les taux de la Banque Centrale, appelés taux directeurs, sont le Refi et le taux des facilités de prêt marginal (vus ci-après).

Enfin, à compter de 2022, à l'instar de ce qui se passe pour l'Euribor (v. ci-dessus), le LIBOR (*London Interbank Offered Rate*) disparaîtra au profit du ***SONIA*** (*Sterling Overnight Interbank Average Rate*) à Londres et du ***SOFR*** (*Secured Overnight Financing Rate*) à New York. Ces deux taux seront également calculés à partir des transactions réelles opérées entre banques et non plus sur des déclarations desdites banques.

Rappelons à titre indicatif que, selon l'association ACI France, il y aurait 150 000 milliards d'euros de produits financiers utilisant l'Euribor comme taux de référence. Ces chiffres montrent bien l'importance de réviser le calcul de ces taux interbancaires.

## *La politique monétaire en période normale*

Une politique monétaire regroupe « l'ensemble des moyens mis en œuvre par un État ou une autorité monétaire pour agir sur l'activité économique par la régulation de sa monnaie », selon la Banque de France.

Depuis les années quatre-vingt, les principales économies industrialisées mènent une ***politique monétaire dite par les taux d'intérêt***. En relevant ou en baissant les taux des banques centrales, appelés ***taux directeurs***, les autorités monétaires cherchent à orienter la politique économique.

Schématiquement, en période de surchauffe économique, les banques centrales, pour minimiser le risque d'inflation, remontent leurs taux directeurs, renchérissant le coût du crédit pour les banques commerciales et, *in fine*, pour les agents économiques, entreprises et ménages. Elles « calment » alors l'économie.

À l'inverse, lors d'un choc, endogène ou exogène, tel un krach boursier ou encore un risque géopolitique, les banques centrales baissent leurs taux directeurs pour inciter les agents à s'endetter et faire ainsi repartir l'économie.

Afin de mener ces politiques monétaires, les banques centrales fixent des objectifs. Certaines banques centrales, telle la BCE, ont un objectif unique, la stabilité des prix ; d'autres banques centrales, telle la Federal Reserve Bank aux USA, ont plusieurs objectifs, la stabilité des prix, la croissance et/ou le plein-emploi.

**Focus sur la revue stratégique**

Avant d'exposer les instruments utilisés par la BCE, notons qu'en 2020, la Banque Centrale Européenne a décidé de lancer sa revue stratégique.

Une ***revue stratégique*** d'une banque centrale consiste à réviser son (ses) objectif(s) de politique monétaire.

Aux États-Unis, la *Federal Reserve Bank* a trois objectifs : la stabilité des prix, la croissance et le plein-emploi. En Europe, la BCE n'a qu'un objectif : la stabilité des prix avec un taux d'inflation maximal de 2 % strictement. C. Lagarde, lors de sa prise de fonction de Présidente de l'institution, a décidé de lancer une revue stratégique (la dernière et unique revue datait de 2003). Le 23 janvier 2020, la présidente a déclaré que cette revue devait consister à revoir « la formulation quantitative de la stabilité des prix, les outils de politique monétaire, les analyses économiques et monétaires et les pratiques en matière de communication ».

Plus précisément, il est question (et ce jusqu'à la date maximale de fin 2020) de réviser l'objectif de 2 % strictement d'inflation, au profit d'un objectif proche ou inférieur à 2 %, afin de donner davantage de souplesse en cette période de taux bas, voire négatifs. En second lieu, serait également revue la stratégie de rachat d'obligations publiques au profit d'obligations émises pour financer la transition énergétique.

Mais le 12 mars 2020, C. Lagarde précisait dans une conférence de presse que « la propagation du coronavirus (COVID-19) a constitué un choc majeur pour les perspectives de croissance des économies mondiales et de la zone euro et a accru la volatilité des marchés. » ; « [...] Il ralentira la production en raison de la rupture des chaînes d'approvisionnement et réduira la demande intérieure et étrangère, notamment en raison de l'impact négatif des mesures de confinement nécessaires ».

En conséquence, elle annonçait le report de la revue stratégique à la mi-2021.

Globalement, pour atteindre ces objectifs, une banque dispose d'instruments de politique monétaire que nous exposons ci-après pour l'Eurosystème.

Trois séries d'instruments coexistent : les opérations d'*open market*, les facilités permanentes et les réserves obligatoires.

## a) Les opérations d'*open market*

La notion d'***open market*** signifie « aux conditions de marchés ». Ces opérations répondent à trois objectifs : pilotage des taux d'intérêt, gestion de la liquidité bancaire et orientation de la politique monétaire.

Quatre catégories d'opérations existent :

- les opérations principales de refinancement fournissent régulièrement des liquidités aux banques par cession temporaire. Toutes les semaines, la BCE lance un appel d'offres auprès du secteur bancaire, elle répond au plus offrant et sert la quantité qu'elle souhaite en fonction de son objectif de stabilité des prix. Les prêts se font pour une semaine avec prise de garantie au travers des titres mis en pension. Le taux pratiqué est le REFI ;
- les opérations de refinancement à plus long terme fournissent des liquidités, selon la même technique que celle utilisée par les opérations principales de refinancement, mais avec une périodicité mensuelle et pour une durée de prêt, en période normale soit hors crise, de trois mois ;
- les opérations de réglage fin fournissent des liquidités de façon ponctuelle. Elles peuvent être effectuées le dernier jour d'une période de constitution des réserves pour résorber des déséquilibres de liquidité. Elles sont réalisées sous forme d'opérations de cession temporaire, de swaps de change ou de reprise des liquidités en blanc ;
- les opérations structurelles sont réalisées sous forme d'opérations de cession temporaire ou d'émissions de certificats de dette. Elles permettent d'agir durablement, le cas échéant, sur la liquidité bancaire.

## b) Les facilités permanentes

Ces opérations ont pour objectif de fournir ou de retirer des liquidités au jour le jour, d'orienter la politique monétaire et d'encadrer les taux du marché au jour le jour.

Il existe deux catégories :

- la facilité de prêt marginal permet d'obtenir des liquidités à 24 heures ;
- la facilité de dépôt permet d'effectuer des dépôts auprès de la banque centrale pour une durée de 24 heures.

Le ***taux de facilité de prêt marginal*** est forcément plus élevé que le REFI puisque cette technique permet d'obtenir des liquidités sur mesure tandis que l'opération principale de refinancement est celle de l'appel d'offres. C'est donc le taux plafond.

Le ***taux de facilité de dépôt*** est le taux plancher.

### c) Les réserves obligatoires

Les établissements de crédit de la zone euro sont tenus de constituer des ***réserves obligatoires*** sous forme de fonds à déposer sur des comptes ouverts en banque centrale pour une durée d'un mois.

Elles sont assises sur les dépôts et sont rémunérées. Elles ne sont pas à confondre avec l'ancien régime des réserves obligatoires non rémunérées et assises sur les crédits que l'on appelait, en 1986, l'encadrement du crédit. Le taux des réserves obligatoires est de 1 % depuis 2012 (contre 2 % auparavant).

**Tableau synoptique des opérations de politique monétaire**

| Opérations de politique monétaire | Types d'opérations | | Échéance | Fréquence | Procédure |
|---|---|---|---|---|---|
| | Apport de liquidité | Retrait de liquidité | | | |
| *Opérations d'open market* | | | | | |
| Opérations principales de refinancement | Opérations de cession temporaire | – | Une semaine | Hebdomadaire | Appels d'offres normaux |
| Opérations de refinancement à long terme | Opérations de cession temporaire | – | Trois mois | Mensuelle | Appels d'offres normaux |
| Opérations de réglage fin | Opérations de cession temporaire *Swaps* de change | Opérations de cession temporaire Reprises de liquidité en blanc *Swaps* de change | Non standardisée | Non régulière | Appels rapides Procédures bilatérales |
| Opérations structurelles | Opérations de cession temporaire | Émissions de certificats de dette de la BCE | Standardisée/ non standardisée | Régulière et non régulière | Appels d'offres normaux |
| | Achats fermes | Ventes fermes | – | Non régulière | Procédures bilatérales |

| *Facilités permanentes* | | | | |
|---|---|---|---|---|
| Facilité de prêt marginal | Opérations de cession temporaire | – | Vingt-quatre heures | Accès à la discrétion des contreparties |
| Facilité de dépôt | – | Dépôts | Vingt-quatre heures | Accès à la discrétion des contreparties |

*Source* : Banque de France

Les taux directeurs de la zone euro sont les suivants :

| **Date de valeur** | **Opérations principales de refinancement – Refi** | **Facilités permanentes** | |
|---|---|---|---|
| | | **Dépôt au jour le jour** | **Prêt marginal au jour le jour** |
| 18 septembre 2019 (taux inchangés depuis cette date) | 0,00 | -0,50 | 0,25 |
| 16 mars 2016 | 0,00 | -0,40 | 0,25 |
| 9 décembre 2015 | 0,05 | -0,30 | 0,30 |
| 10 septembre 2014 | 0,05 | -0,20 | 0,30 |
| 11 juin 2014 | 0,15 | -0,10 | 0,40 |
| 13 novembre 2013 | 0,25 | 0,00 | 0,75 |
| 8 mai 2013 | 0,50 | 0,00 | 1,00 |
| 11 juillet 2012 | 0,75 | 0,00 | 1,50 |
| 14 décembre 2011 | 1,00 | 0,25 | 1,75 |
| 9 novembre 2011 | 1,25 | 0,50 | 2,00 |
| 13 juillet 2011 | 1,50 | 0,75 | 2,25 |
| 13 avril 2011 | 1,25 | 0,50 | 2,00 |
| 13 mai 2009 | 1,00 | 0,25 | 1,75 |

| | | | |
|---|---|---|---|
| 8 avril 2009 | 1,25 | 0,25 | 2,25 |
| 11 mars 2009 | 1,50 | 0,50 | 2,50 |
| 21 janvier 2009 | 2,00 | 1,00 | 3,00 |
| 10 décembre 2008 | 2,50 | 2,00 | 3,00 |
| 12 novembre 2008 | 3,75 | 2,75 | 3,75 |
| 15 octobre 2008 | 3,75 | 3,25 | 4,25 |

Source : Banque de France

## Chapitre 3

# Banque et risques

*Face à la montée des risques financiers et bancaires, et face aux conséquences de ces risques, les autorités de tutelles, et tout particulièrement la Banque des règlements internationaux, ont imposé progressivement une réglementation aux établissements de crédit.*

Nous reprenons page suivante un schéma emprunté par D. Plihon à la Commission Bancaire (devenue ACPR) pour montrer que toutes les activités des banques sont soumises à des risques et que ces risques convergent vers un risque unique : le risque global de la banque qui n'est autre que le risque de faillite. L'auteur parle alors de « constellation des risques bancaires » (*Les banques nouveaux enjeux nouvelles stratégies*, 1998, La Documentation française ; *Livre Blanc sur la sécurité des systèmes d'information dans les établissements de crédit*, 2e édition, mars 1996, Commission Bancaire). Mais vingt ans plus tard, d'autres risques peuvent être rajoutés : le cyber-risque et le risque sanitaire.

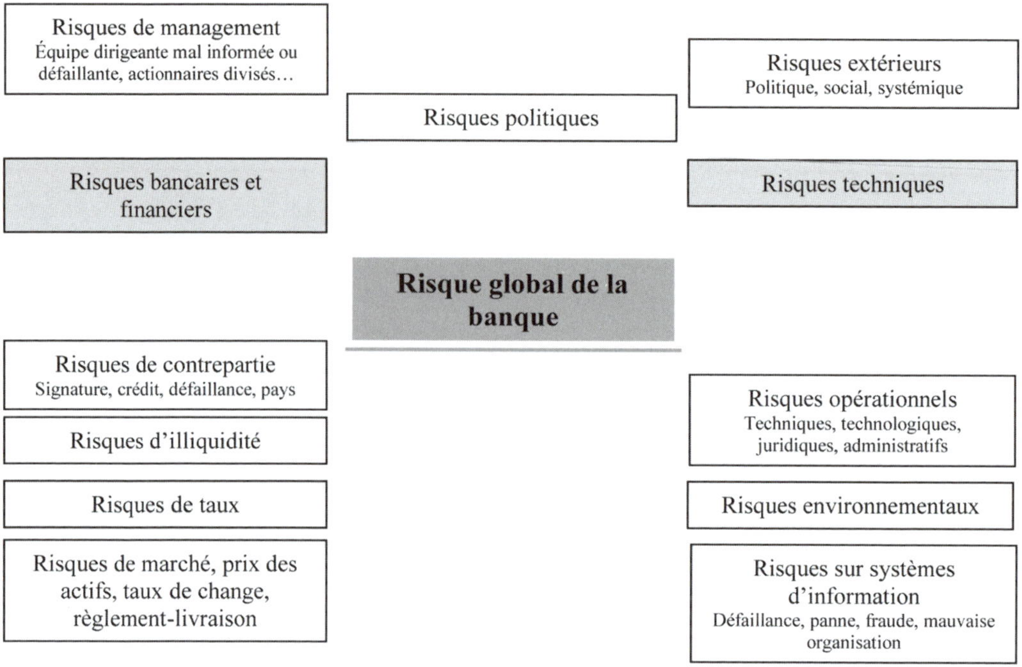


Nous ne traitons présentement que des risques financiers et opérationnels.

# 1 La typologie des risques

## ■ *Le risque de crédit*

Le ***risque de crédit*** est un risque de ***contrepartie***, inhérent à l'activité des banques. C'est le risque de ne pas être remboursé à l'échéance du prêt.

Son appréciation et sa gestion appartiennent forcément à la banque.

L'appréciation se fait grâce une analyse financière et patrimoniale du client, que celui-ci soit une entreprise ou un ménage. Au-delà de l'appréciation faite par le chargé de clientèle, il existe également des techniques telles que le *scoring*.

Le *scoring* est une technique d'évaluation utilisée pour apprécier le risque de défaillance d'un créancier. C'est une note attribuée grâce à l'étude de différents indicateurs (revenus, encours et caractéristiques des prêts, etc.).

## Le risque de liquidité

Le risque de liquidité naît de l'activité de transformation des échéances d'une banque. C'est donc un risque de transformation qui apparaît lorsque les échéances des emplois sont supérieures aux échéances des ressources. Face à ce risque, les banques vont d'abord chercher à le minimiser en collectant des dépôts longs.

Plus précisément, il existe deux risques d'illiquidité :

- *un risque d'illiquidité immédiate* : la banque ne peut faire face à une demande massive de retraits émanant de sa clientèle. C'est la notion de « *bank run* » ou panique bancaire ou course au guichet. Le dernier exemple est celui de la banque britannique Northern Rock en septembre 2007. D'un simple risque d'illiquidité dont la banque pouvait se sortir, la médiatisation de l'événement a conduit à une panique généralisée des clients, le risque s'est traduit en un risque d'insolvabilité, requérant alors l'intervention d'urgence de la Bank of England ;
- *un risque de transformation* : le bilan de la banque y est exposé lorsque le terme des ressources a tendance à se raccourcir alors que celui des emplois est inchangé.

## Le risque de taux

Le *risque de taux* existe lorsque les banques détiennent des créances et des dettes à taux fixe et à taux variable.

**Exemple simplifié d'exposition**

Soit deux banques dont le total du bilan et la situation nette sont identiques.

| Banque | A | | B |
|---|---|---|---|
| Créance à 3 mois | 100 000 | Liquidités | 100 000 |
| Dette 1 an | 60 000 | Dette 4 ans | 60 000 |
| Situation nette | 40 000 | | 40 000 |

Au regard de ces bilans simplifiés, la situation des banques A et B est identique. Pour autant, compte tenu des différences d'échéances, il convient de prendre en compte ces différences par la technique de l'***actualisation***. Celle-ci permet en effet de ramener à une même échelle de temps des postes d'échéances différentes.

Actualisation au taux de 10 %

| **Banque** | **A** | | **B** |
|---|---|---|---|
| Créance à 3 mois | $100\,000 / 1{,}10^{0{,}25}$ | Liquidités | $100\,000 / 1{,}10^{0}$ |
| Dette 1 an | $60\,000 / 1{,}10^{1}$ | Dette 4 ans | $60\,000 / 1{,}10^{4}$ |
| Situation nette | 97 645 – 54 545 = 43 100 | | 100 000 – 40 980 = 59 020 |

La situation nette a changé, la banque B est plus « riche » que la banque A.

Faisons maintenant bouger les taux.

Actualisation au taux de 12 %

| **Banque** | **A** | | **B** |
|---|---|---|---|
| Créance à 3 mois | $100\,000 / 1{,}12^{0{,}25}$ | Liquidités | $100\,000 / 1{,}12^{0}$ |
| Dette 1 an | $60\,000 / 1{,}12^{1}$ | Dette 4 ans | $60\,000 / 1{,}12^{4}$ |
| Situation nette | 97 206 – 53 571 = 43 637 | | 100 000 – 38 131 = 61 869 |

La variation de taux d'intérêt a considérablement modifié la richesse des banques A et B et démontre que selon le profil de la banque, la modification n'est pas la même.

Globalement, selon les postes du bilan, l'exposition au risque de taux n'est pas la même :

- à l'actif, si les emplois sont à taux fixe, une hausse de taux provoque une dépréciation de la valeur actuelle des postes, menaçant alors la valeur globale de la banque. En outre, il existe un coût d'opportunité car la rémunération aurait pu être plus importante si ceux-ci avaient été conclus à taux variable ;
- au passif, il y a risque de taux lorsque les taux baissent car il y a appréciation de la valeur actuelle des dettes.

**Exemple** : soit un emprunt à taux fixe remboursable *in fine*, de durée de vie de 5 ans, contracté au taux de 10 %.

Si les taux passent à 12 %, l'évaluation de la dette devient la suivante :

$D_0 = \sum_{i=1}^{5} [1\,000\,000 \times 1{,}12^{-i}] + [1\,000\,000 \times 1{,}12^{-5}] = 9\,279\,044$

Un an plus tard, les taux passent à 8 %, l'évaluation de la dette devient la suivante :

$D_0 = \sum_{i=1}^{4} [1\,000\,000 \times 1{,}08^{-i}] + [1\,000\,000 \times 1{,}08^{-4}] = 10\,662\,425$

Le poids de la dette s'est apprécié avec la baisse des taux d'intérêt.

La meilleure façon de gérer les risques de taux et de transformation est celle de l'***adossement*** de bilan qui consiste schématiquement à financer des postes d'actifs par des postes de passifs de même durée et à financer des actifs à taux fixe par des ressources à taux fixe ou des actifs à taux variable par des ressources à taux variable.

Il convient ensuite d'affiner avec la notion de duration.

La ***duration*** d'un actif ou passif est égale à la somme des durées pondérées par la valeur actuelle des flux divisée par la somme des valeurs actuelles des flux. Autrement dit, la duration est le temps nécessaire pour récupérer son investissement aux conditions du jour du calcul. Ainsi, si un crédit fait état d'une duration de 2,83 cela signifie que la banque récupérera son prêt dans 2,83 années.

Dans la technique d'adossement, il convient de financer ce prêt par une ressource de même duration.

On dit alors que le bilan est ***immunisé*** contre une variation de taux.

Cette technique d'immunisation ou d'adossement est pratiquée par une cellule qu'on appelle Gestion actif – passif (***ALM – Assets Liabilities Management***).

L'ALM consiste à :

- gérer les grands équilibres d'une banque par métiers ou centres de profits ;
- gérer les positions globales de liquidité et de taux (d'intérêt et change) ;
- surveiller le respect des ratios prudentiels ;
- proposer, le cas échéant, une ou plusieurs corrections telles que des opérations de couverture pour minimiser l'exposition au risque, en fonction des attentes de la direction générale.

## Le risque de change

Le ***risque de change*** existe lorsque des coûts ou des *cash-flows* sont libellés en devises. On parle alors de ***risque de change de transaction***.

Il naît par des transactions financières (prêts et emprunts en devises) ou par des flux de dividendes en devises. Il est mesuré, au moment de la clôture des comptes, par la différence entre les dettes et les créances en devises inscrites au bilan pour leur contre-valeur au cours de change de fin d'exercice. Les différences apparaissent alors en écart de conversion. Et s'il y a perte latente, une dotation aux provisions pour risque est effectuée.

Il existe également un ***risque de change de consolidation*** qui naît lors du rapatriement des comptes d'une filiale étrangère.

## Le risque de marché

Le ***risque de marché*** est un risque sur le prix des actifs. C'est un risque de dépréciation et de perte avérée s'il y a vente.

L'un des moyens de couverture réside dans l'intervention sur les ***marchés dérivés*** qui consiste en une prise de position inverse à celle qu'on a en portefeuille.

**Exemple de couverture sur les marchés à terme**

Soit une banque qui détient un portefeuille de 10 000 obligations de valeur nominale de 1 000 € à taux fixe, au cours actuel de 110,18 %.

La ligne est donc valorisée : 10 000 x 1 000 x 110,18 % = 11 018 000 €.

La banque craint une hausse des taux d'intérêt qui conduirait à une dépréciation du portefeuille.

Elle va donc utiliser les marchés dérivés pour se couvrir en prenant une position inverse à celle qu'elle a en portefeuille.

Elle vend des Futures à hauteur de 22 contrats de valeur nominale de 500 000 € au cours de 91,02 %, soit 10 012 200 €.

La hausse de taux contre laquelle la banque cherchait une couverture a réellement lieu. Les obligations cotent 106,42 % et les contrats Futures cotent 87,48 %.

Les positions deviennent les suivantes :

– obligations : 10 000 x 1 000 x 106,42 % = 10 642 000 € ;

– futures : 22 x 500 000 x 87,48 % = 9 622 800 €.

Le bilan de l'opération est le suivant :

| | Marché des obligations | Marché dérivé |
|---|---|---|
| Position initiale | 11 018 000 | + 10 012 200 |
| Position finale | 10 642 000 | 9 622 800 |
| Résultat | Dépréciation = 376 000 € | Vente – Achat = + 389 400 € |

En intervenant sur les marchés dérivés, la dépréciation du portefeuille est couverte, le portefeuille s'est déprécié de 376 000 €, mais la vente à découvert suivie d'un rachat des futures a rapporté, hors frais, 389 400 €.

## ■ *Le risque souverain*

Le ***risque souverain***, ou ***risque pays***, est un risque de contrepartie. Il naît lorsqu'il existe des créances ou engagements sur des débiteurs résidents dans des pays concernés par un rééchelonnement ou un effacement de la dette souveraine.

Deux cas peuvent alors se présenter :

– l'État ne rembourse pas sa propre dette. C'est l'exemple de la Grèce qui a fait l'objet en 2012 d'un effacement de la moitié de sa dette détenue par les créanciers privés (100 Mds € ont ainsi été effacés) ;
– l'État ne fournit pas aux débiteurs les devises nécessaires au règlement de leurs dettes. On parle de risque de non-transfert ; la banque centrale est impuissante à mobiliser des réserves en devises suffisantes pour transformer les ressources en monnaie locale en moyens de paiement internationaux.

## ■ *Le risque opérationnel*

Le ***risque opérationnel*** a été défini par le Comité de Bâle en janvier 2001 comme étant « un risque de pertes directes ou indirectes résultant d'une inadéquation ou d'une défaillance attribuable aux procédures, au facteur humain et aux systèmes, ou à des causes externes ».

Pour le Comité de Bâle, le risque opérationnel est un risque important qui nécessite pour les banques de détenir suffisamment de fonds propres pour se protéger contre les pertes qui en découlent. En conséquence, une nouvelle approche a été requise par la BRI, dans le cadre des accords de Bâle II, pour le calcul des fonds propres réglementaires. Comme pour les autres risques, notamment le risque de crédit, le Comité a demandé aux banques de perfectionner les techniques d'évaluation et de gestion du risque opérationnel.

À titre d'exemple, citons Royal Bank of Scotland qui a dû indemniser ses contreparties à hauteur de 175 millions £ au titre du préjudice subi.

## ■ *Le cyber risque*

Parmi les risques opérationnels, il est désormais indispensable d'isoler un nouveau risque né avec les nouvelles technologies, le cyber risque, pour lequel il n'existe de définition totalement officielle. Nous reprenons ci-dessous les éléments édités par l'APREF – Association des Professionnels de la Réassurance en France de juin 2016, Étude sur les cyber risques.

On entend par ***cyber risque***, « Pour toute personne morale ou physique, ci-après désignée comme "l'entité", toutes atteintes à :

– des systèmes électroniques et/ou informatiques [de production, d'exploitation, de gestion d'informations et de télécommunication] sous le contrôle de l'entité ou de ses prestataires et/ou des données informatisées (personnelles, confidentielles ou d'exploitation) appartenant à ou sous le contrôle de l'entité, qu'elles soient transférées ou stockées chez elle ou chez ses prestataires ;

Consécutives à :

– un acte malveillant ou de terrorisme – une erreur humaine, une panne ou des problèmes techniques – un évènement naturel ou accidentel ;

Ayant pour conséquences :

– des dommages corporels, matériels, et/ou immatériels (frais ou pertes financières), subis par l'entité et/ou ses employés ;
– une mobilisation de ressources internes ou externes – des dommages corporels, matériels, et/ou immatériels, frais ou pertes financières causés par l'entité à des tiers (y compris chaînes logistiques/sous-traitants) ;
– une atteinte à la marque et/ou à la réputation de l'entité. »

On notera qu'un premier test de place a été effectué à Paris fin 2018 : 350 intervenants ont été mobilisés à cette fin pendant une journée pour valider le fonctionnement d'un dispositif de crise en cas de cyberattaque.

Le Comité de surveillance des risques systémiques, émanation de la BCE, estiment les dégâts causés par les cyberattaques entre 40 et 600 Mds € pour l'économie mondiale en 2018.

À titre d'exemple, on peut parler de *Capital One*, le troisième plus gros émetteur de cartes bancaires américain, qui a fait l'objet d'un piratage de données personnelles de plus de 100 millions de clients.

On parle également de *jacpkotting* pour des attaques de DAB par le biais d'un ordinateur personnel connecté à l'ordinateur du distributeur.

## ■ *Le risque climatique*

Le risque climatique, à la suite des accords de Paris, est désormais pris en compte dans les établissements bancaires car considéré comme pouvant générer un risque financier.

Novethic le définit de la manière suivante : « Le risque climat est caractérisé par l'exposition d'un agent économique aux impacts climatiques et aux répercussions de ceux-ci sur son activité. Les impacts climatiques susceptibles de menacer une entreprise peuvent être directs : hausse et variation de température, hausse du niveau des eaux, ouragans, etc.

Ils peuvent aussi être indirects : baisse des rendements agricoles, menace contre la biodiversité, etc. Le ***risque climat*** est donc une réalité préoccupante, en particulier pour les secteurs du tourisme ou de l'agroalimentaire. »

En conséquence, la Banque de France a lancé un réseau le NGFS – *Network for Greening the Financial System* – fin 2017. Le réseau a pour mission de développer des outils d'identification et de prévention des risques, et d'inciter à une transition vers une économie bas carbone tout en évitant le *greenwashing*. À son démarrage, le réseau était composé de 24 membres et 5 observateurs répartis sur les 5 continents ; en 2019, il est composé de 42 membres et 8 observateurs. En avril 2019, un premier rapport – *Appel à la mobilisation* – fait état de 6 recommandations :

Les 6 recommandations du NGFS (17 avril 2019, Banque de France)

1. **Intégrer les risques liés au climat dans le suivi de la stabilité financière et la surveillance microprudentielle.** Évaluer les risques financiers liés au climat dans le système financier et leur intégration dans la supervision.
2. **Intégrer des facteurs liés au développement durable dans la gestion des portefeuilles pour compte propre.**
3. **Remédier aux lacunes en termes de données.** Le NGFS recommande que les autorités publiques partagent les données pertinentes pour l'évaluation du risque climatique (*Climate Risk Assessment* – CRA) et qu'elles les rendent publiques, dans la mesure du possible, dans un référentiel de données.

4. Renforcer la sensibilisation et les capacités d'analyse, encourager l'assistance technique et le partage des connaissances.
5. Parvenir à la publication d'informations financières en rapport avec le climat et l'environnement sur des bases solides et homogènes au plan international.
6. Favoriser le développement d'une taxonomie des activités économiques.

Fin 2020, l'AMF et l'ACPR ont publié leur rapport annuel sur les engagements climatiques des banques faisant état de la méthodologie de suivi et d'évaluation des engagements (allant « des politiques internes de réduction ou de compensation des gaz à effet de serre aux engagements de financements verts et aux politiques d'exclusion et de désinvestissement, en passant par l'engagement actionnarial et la démarche d'accompagnement des clients ou encore les politiques d'alignement sur les objectifs de l'Accord de Paris et les efforts de transparence sur la prise en compte des enjeux climatiques... »). Les autorités ont souligné les efforts de la place de Paris mais ont identifié des pistes d'amélioration et préconisent une traçabilité des engagements pris, l'élaboration d'objectifs chiffrés avec échéances et rapport d'étape, une transparence plus forte sur les méthodologies et les indicateurs retenus, l'implication de la gouvernance dans le suivi et la prise en compte des risques liés à la perte de biodiversité dans les engagements (AMF, ACPR, communiqué de presse, 18 décembre 2020).

## ■ *Le risque sanitaire*

En pleine crise de Covid-2019, force est de constater qu'un risque sanitaire mondial peut conduire à un risque économique et financier.

Un ***risque sanitaire*** est « un risque immédiat ou à long terme représentant une menace directe pour la santé des populations nécessitant une réponse adaptée du système de santé. Parmi ces risques, on recense notamment les risques infectieux pouvant entraîner une contamination de la population ».

Le 26 mars 2020, lors du sommet extraordinaire du G20, le Directeur Général de l'Organisation Mondiale de la Santé (OMS) déclarait : « Nous sommes en guerre contre un virus qui menace de nous déchirer, si nous nous laissons faire [...]. Nous traversons une crise mondiale à laquelle il faut opposer une riposte mondiale ».

Il continuait en précisant : « Luttez, unissez-vous, soyez des catalyseurs ». Ce n'est rien d'autre que ce qu'ont fait les banques centrales, comme indiqué Chapitre 5.

Sylvie Goulard, sous-gouverneur de la Banque de France, partie prenante de la réflexion de l'OMS « One Health », tout particulièrement dans le cadre de l'OMS-Europe, précise : « La finance est une partie de la solution, pour deux raisons. Sans finance, pas d'investissement dans les hôpitaux, la recherche, la prévention. Mais le grand chantier à venir, sur lequel insiste la commission OMS-Europe, est l'analyse des risques liés aux problématiques environnementales, climatiques et maintenant sanitaires. Plus on parvient à bien analyser le risque financier en amont, plus on dirige l'investissement vers les bons projets ».

## ■ *Le risque global d'insolvabilité*

L'ensemble de ces risques converge vers un risque ultime pour l'établissement financier, le risque global d'insolvabilité, autrement dit le ***risque de faillite***.

La solidité des banques dépend tout d'abord des fonds propres car ce sont, par définition, des ressources qui leur appartiennent en propre, au contraire des dépôts qui, même si les banques les utilisent, restent la propriété des clients. Notons d'ailleurs que le risque d'insolvabilité naît souvent d'un risque d'illiquidité.

La faillite d'une banque ayant des impacts plus forts encore que la faillite d'une entreprise industrielle, ceci amène à la notion de « *too big to fail* » et son corollaire l'aléa moral. L'adage **« *too big to fail* »** est un principe selon lequel la banque qualifiée comme telle peut se permettre de prendre des positions hasardeuses (***aléa moral***) et donc risquées car, quoiqu'il arrive la banque centrale interviendra pour la sauver, à défaut il y aurait risque systémique.

## ■ *Le risque systémique*

Le ***risque systémique*** naît lorsqu'un opérateur n'est pas en mesure d'honorer ses engagements, entraînant des défaillances en chaîne, et mettant *de facto* en difficultés l'ensemble des acteurs du marché. Il existe sur tous les marchés (organisés ou de gré à gré) et pour toutes activités financières.

Il existe de nombreux exemples de risques que l'on a qualifiés de systémiques.

Le premier exemple fut celui de la faillite de Banque ***Herstatt*** qui, avant de faire faillite, avait reçu les dollars à la suite d'une transaction avec une banque américaine qui, elle, n'avait pas reçu les Deutsche Mark. La Federal Reserve Bank a dû intervenir et on a parlé de risque systémique sur le marché des changes ; en 1984, la même Fed a consenti un soutien financier de 5 Mds $ à la Continental Illinois National Bank, tandis que la quasi-faillite du fonds LTCM a provoqué une baisse de 75 pb sur le taux principal des fonds fédéraux américains.

Enfin, en 2008, quelques jours après la faillite de Lehman Brothers, le système financier mondial a été de façon inédite en risque systémique à l'échelle planétaire. On a alors vu que les risques d'illiquidité, voire d'insolvabilité, n'étaient pas limités à la seule sphère financière ; ils peuvent être supportés par l'ensemble du système économique.

Le phénomène de globalisation financière a pour conséquence de mondialiser le risque de système au travers des transformations technologiques et réglementaires et de l'internationalisation de la sphère financière car les mécanismes financiers forment un ensemble d'éléments en interaction dynamique, un système ouvert, soumis et nourri par l'économie réelle, donc à autonomie relative.

## 2 La réglementation

### La réglementation de la Banque des Règlements Internationaux : de Bâle I à Bâle III

Dans les années quatre-vingt, face à la montée des risques bancaires, notamment souverains, les membres du Groupe des 10, dans le cadre de la BRI, se réunissent et créent le ***Comité de Bâle*** pour mettre en place des règles et pratiques de contrôle des opérations bancaires.

### Bâle I

Un ratio de ***8 %*** limite les encours de prêts d'une banque en fonction de ses fonds propres. Autrement dit, en face de tout crédit de 100, la banque doit allouer 8 en fonds propres.

### Bâle II

Le nouveau taux restait inchangé à 8 % mais devait tenir compte des risques de crédit, marché et opérationnels.

Le 14 juin 2006, la première directive européenne concernant Bâle était publiée et nommée CRD – *Capital Requirement Directive*.

Les recommandations de Bâle II auront été mises en place jusqu'au 1er janvier 2008.

Trois piliers constituaient le nouvel environnement réglementaire :

– exigences minimales de fonds propres ;

– processus de surveillance prudentielle ;

– discipline de marché efficace.

#### a) Pilier I : exigences minimales de fonds propres

La logique de calcul du ratio minimal rapportant les fonds propres aux actifs pondérés en fonction des risques restait inchangée :

Ratio de fonds propres (FP) = (Total des FP) / (Risques de crédit, marché et opérationnels)

Mais la mesure des risques évoluait.

Il existe une ***méthode standard*** avec une pondération des risques élaborée selon une notation externe puis la banque applique sa propre méthode appelée IRB – ***Internal Rating Based*** *Approach*.

### b) Pilier II : supervision réglementaire

Un processus de surveillance prudentielle individualisée exige que les autorités de contrôle procèdent à un examen qualitatif des techniques d'***allocation des fonds propres*** et du respect des normes applicables. Aussi ces autorités s'assurent-elles que chaque établissement s'est doté de procédures internes saines pour évaluer l'adéquation des fonds propres sur la base d'une évaluation des risques. Le régulateur valide la méthode et intervient, le cas échéant, s'il y a détérioration du niveau de capital.

### c) Pilier III : communication à destination du marché

L'objectif de ce troisième pilier est d'améliorer la communication financière pour favoriser la discipline de marché. À cette fin, les banques sont tenues de communiquer sur la composition des fonds propres et leur règle d'allocation, le système de notation interne et la gestion des risques.

## ■ *Bâle III*

Bâle III doit bien évidemment prendre en compte le risque de liquidité jusqu'à maintenant non géré ou surveillé par les instances de tutelle.

Globalement, selon la Banque des règlements internationaux, « Bâle III est un ensemble de mesures nouvelles, que le Comité de Bâle sur le contrôle bancaire a élaboré pour renforcer la réglementation, le contrôle et la gestion des risques dans le secteur bancaire. Ces mesures ont pour objet : d'améliorer la capacité du secteur bancaire à absorber les chocs résultant des tensions financières et économiques, quelle qu'en soit la source ; d'améliorer la gestion des risques et la gouvernance ; de renforcer la transparence et la communication des banques. Elles visent : la réglementation au niveau des banques, dite microprudentielle, qui contribuera à renforcer la résilience des établissements bancaires en périodes de tensions ; les risques systémiques, macroprudentiels, susceptibles de s'accumuler dans le secteur bancaire, et leur amplification procyclique dans le temps. Ces deux approches à l'égard du contrôle bancaire sont complémentaires, une plus grande résilience des établissements réduisant le risque de chocs d'ampleur systémique » (source : BIS.org).

Les règles sont telles que synthétisées ci-après (source : Banques des règlements internationaux).

## a) Pilier I : fonds propres

*1) Qualité et niveau de fonds propres*

L'accent est mis sur les actions ordinaires dont le niveau est porté à 4,5 % des APR – actifs pondérés, après déductions.

*2) Absorption des pertes par les fonds propres au point de non-viabilité*

Dans leurs conditions contractuelles, les instruments de fonds propres comprendront une clause permettant – à la discrétion de l'autorité compétente – de les annuler ou de les convertir en actions ordinaires si la banque est jugée non viable. Ce principe accroît la participation du secteur privé à la résolution des futures crises bancaires, et réduit, ce faisant, le risque subjectif (aléa moral).

*3) Volant de conservation des fonds propres*

Constitué d'actions ordinaires à hauteur de 2,5 % des APR, ce volant porte à 7 % le niveau total des fonds propres de cette qualité. Des restrictions s'appliquent aux distributions discrétionnaires si l'exigence de 7 % n'est plus respectée.

*4) Volant contra-cyclique*

Compris dans une fourchette de 0-2,5 % et constitué d'actions ordinaires, ce volant est imposé par les autorités lorsqu'elles jugent que la croissance du crédit entraîne une augmentation inacceptable du risque systémique.

## b) Pilier II : couverture des risques

*1) Titrisation*

Les éléments prévus sont les suivants :

- renforcement de la couverture en fonds propres de certaines titrisations complexes ;
- exigence, pour les banques, d'analyser plus rigoureusement la qualité de crédit de leurs expositions de titrisation notées par un organisme externe.

*2) Portefeuille de négociation*

Les éléments prévus sont les suivants :

- relèvement notable des fonds propres au regard des activités de négociation et sur dérivés, ainsi que des titrisations complexes dans le portefeuille de négociation ;
- création d'une exigence sur la valeur en risque en période de tensions, pour aider à atténuer la procyclicité ;

– exigence de fonds propres incrémentale au regard des risques estimés de défaut et de migration de notation sur expositions à des produits de crédit non titrisés, prenant aussi en compte la liquidité.

*3) Risque de contrepartie*

Les éléments prévus sont les suivants :

– renforcement substantiel du traitement du risque de contrepartie : mesure plus rigoureuse des expositions ;
– incitation, pour les banques, par le coefficient de fonds propres, à recourir aux contreparties centrales pour leurs opérations sur dérivés ;
– surpondération des expositions entre institutions financières.

*4) Expositions envers les contreparties centrales (CCP)*

Les éléments prévus sont les suivants : proposition du Comité d'affecter une pondération de 2 % aux expositions envers une CCP agréée et de calculer, en fonction du risque (par une estimation simple et uniforme), l'exigence de fonds propres au regard des expositions sur les fonds de garantie des CCP.

### c) Pilier III : encadrement de l'effet de levier

Un ratio de levier indépendant du risque, et incluant le hors-bilan, complète les mesures de fonds propres fondées sur le risque et limite le recours à l'effet de levier au sein du système bancaire. Ce ratio de levier est à ce jour établi à 3 %.

### d) Pilier I : gestion et surveillance des risques

Les éléments prévus sont les suivants :

– traitement de la gouvernance et de la gestion des risques au niveau de l'établissement ;
– prise en compte du risque lié aux expositions hors bilan et aux titrisations ;
– gestion de la concentration des risques ;
– incitations à une meilleure gestion des risques et rendements sur le long terme ;
– saines pratiques de rémunération ;
– pratiques de valorisation ;
– tests de résistance ;
– normes comptables applicables aux instruments financiers ;
– gouvernance d'entreprise ;
– collèges prudentiels.

### e) Pilier V : discipline de marché

Les éléments prévus sont les suivants :

- instauration d'exigences sur les expositions de titrisation et sur la responsabilité directe des véhicules hors bilan ;
- communication financière plus détaillée concernant les composantes des fonds propres réglementaires et leur rapprochement avec les comptes publiés, fournissant une explication complète du mode de calcul des ratios de fonds propres réglementaires.

### f) Liquidité

*1) Ratio de liquidité à court terme*

Le ratio de liquidité à court terme (***LCR – Liquidity Coverage Ratio***) impose aux banques de détenir suffisamment d'actifs liquides de haute qualité pour résister à une pénurie de financement de 30 jours, sur la base d'un scénario défini par les responsables prudentiels.

*2) Ratio de liquidité à long terme*

Le ratio de liquidité à long terme (***NSFR – Net Stable Funding Ratio***) est un indicateur structurel conçu pour corriger les asymétries de liquidité. Il couvre la totalité du bilan et incite les banques à recourir à des sources de financements stables.

*3) Principes de saine gestion et de surveillance du risque de liquidité*

En 2008, le Comité, tirant les enseignements de la crise, a publié les Principes de saine gestion et de surveillance du risque de liquidité, ensemble de recommandations.

Source : Banque des règlements internationaux

## ■ *État synoptique de l'évolution de la réglementation bancaire*

| 1988 | 2008 | Depuis 2013 |
| --- | --- | --- |
| **Bâle I** | **Bâle II** | **Bâle III** |
| L'accord de 1988 (dit Bâle I ou ratio Cooke) a établi un ratio minimum de fonds propres | L'accord de Bâle II (dit ratio Mc Donough) a introduit :<br>– un périmètre de risques élargi ;<br>– des mesures de capital plus économiques et sensibles aux risques ;<br>– une organisation en trois piliers. | La réforme Bâle III apporte des changements majeurs à Bâle II afin de tirer les leçons de la crise financière |

| | | |
|---|---|---|
| [FP globaux]/[Exigence de FP (crédit + marché)] > 8 % | Pilier 1 : Exigences minimales de FP<br>[FP globaux]/[Exigence de FP (crédit + marché+ opérationnel)] > 8 %<br>Pilier 2 : Surveillance prudentielle<br>Pilier 3 : Discipline de marché | Pilier 1 : Exigences minimales de FP renforcées + Ratio de liquidité court terme (LCR)<br>[FP (CET 1 et T1 et globaux)]//[Exigence de FP (crédit + marché+ opérationnel)] > 6 % et 8 % et 10,5 %<br>LCR : Actifs liquides/Besoins de liquidité > 100 %<br>Pilier 2 : Surveillance prudentielle renforcée<br>Pilier 3 : Discipline de marché |
| À l'origine, risque de crédit uniquement<br>Complété en 1996 par les risques de marché | Ajout du risque opérationnel en pilier 1<br>Utilisation possible des modèles internes (risque de crédit et risque opérationnel)<br>Possibilité pour le régulateur d'imposer des *add-on* de capital | Renforcement du ratio de solvabilité et ajout d'une exigence de liquidité de court terme au pilier 1<br>Introduction de nouvelles mesures (ratio de levier, NSFR)<br>Visions macro-prudentielle (banques systémiques) |

FP = Fonds propres
Source : Banque des Règlements Internationaux

On notera que pour les EFIS – Établissement financiers d'importance systémique –, compte tenu du plus haut degré de risque qu'ils présentent pour le système financier, doivent se conformer à toutes les exigences de Bâle III et disposer, en outre, d'une plus grande capacité d'absorption des pertes. Le Comité a élaboré une méthodologie fondée sur des indicateurs quantitatifs et qualitatifs afin d'identifier les établissements bancaires concernés (EBIS). Des exigences supplémentaires, en actions ordinaires et assimilées de T1 (CET 1), dans une fourchette de 1 % à 2,5 %, leur sont appliquées. De plus, une exigence additionnelle d'absorption des pertes de 1 % peut être appliquée aux banques soumises à la surpondération maximale (2,5 %), afin de les dissuader d'accroître encore leur importance systémique mondiale de manière significative. Ces règles ont été établies par le Comité en collaboration avec le Conseil de stabilité financière, lequel coordonne l'ensemble des mesures visant à réduire le risque subjectif (ou aléa moral) encouru du fait des EFIS.

## La Directive CRD4 et le Règlement CRR (FBF 13 novembre 2013)

La directive CRD4 et le règlement CRR intègrent les dispositions Bâle III de décembre 2010.

Plus précisément, la directive CRD4 reprend le cadre existant des directives précédentes et y adjoint des règles nouvelles en matière de coussins de fonds propres, de rémunérations et de transparence ; le règlement CRR concerne les fonds propres, les ratios de liquidité, de grands risques et risques de crédits, et l'effet de levier.

Après plusieurs consultations et aménagements, les conséquences pour les banques européennes sont les suivantes :

- le CET – *Common Equity Tier One* – passe de 2 à 4,5 % auxquels il convient de rajouter un Capital conservation buffer, coussin de sécurité nommé de « conservation », fixé à 2,5 % du CET 1 ;
- au total, le ratio de fonds propres durs est de 7 %, le ratio total de fonds propres est de 10,5 (1,5 % de fonds propres dit *Tier One* additionnels et 2 % de fonds propres de catégorie 2) ;
- un second coussin de fonds propres contra-cyclique peut, demandé au niveau national, être compris entre 0 et 2,5 % (en cas de croissance forte de crédit) ;
- des coussins complémentaires pourront être rajoutés pour couvrir le risque systémique (5 % supplémentaires, voire davantage) ; pour les établissements d'importance systémique, l'application doit être progressive à partir du 1er janvier 2016 ;
- le ratio « *Leverage Ratio* » est égal aux fonds propres « *Tier One* » sur le total des expositions inscrites au bilan et au hors-bilan et devrait être fixé à 3 %. Son objectif est évidemment de limiter l'effet de levier. Il devra être publié par les banques à partir du 1er janvier 2015 et sans doute rendu obligatoire à partir du 1er janvier 2018 ;
- un texte est prévu pour encourager les banques à utiliser la compensation pour les marchés dérivés de gré à gré afin de minimiser le risque de contrepartie ;
- les deux ratios de liquidité sont à respecter afin que les banques puissent couvrir leurs besoins à l'horizon d'un mois pour le LCR et à l'horizon d'une année pour le NSFR dans l'hypothèse d'un marché interbancaire inexistant. La composition et le calibrage du ratio de couverture des besoins de liquidité à court terme seront fixés avant le 1er janvier 2015 et le ratio sera progressivement introduit entre 2015 (à hauteur de 60 %) et 2018 (pour 100 %). Le ratio de liquidité à long terme devra faire l'objet d'une proposition par la Commission européenne pour le 31 décembre 2016 ;
- en matière de rémunération, il est prévu un plafonnement de la part variable des « preneurs de risques » avec un rapport bonus/fixe de 1 pour 1, sauf vote contraire en assemblée générale qui peut proposer un rapport de 1 à 2. Ceci s'applique pour les bonus payés en 2015 sur l'exercice 2014 ;

– en matière de transparence, les banques devront publier, dès janvier 2014, les profits réalisés, les impôts payés et les subventions reçues pays par pays.

## L'accord historique de décembre 2017

Les règles de Bâle III ont enfin fait l'objet d'un accord entre les autorités bancaires mondiales.

Trois éléments clés ressortent :

– un seuil de fonds propres à hauteur de 72,5 % sera appliqué au niveau des groupes bancaires (et non des filiales) entre 2022 et 2027 ; l'objectif de ce plancher de capital (*output floor*) est de faire converger les méthodes internes et standards susnommées ;

– les calculs sont améliorés en termes de modèles de calcul du risque. Les calculs standards, c'est-à-dire conformes aux règles édictées par le superviseur, ou les calculs internes, propres à chaque établissement, sont révisés : pour les premiers, les banques pourront apprécier davantage le risque elles-mêmes en se basant moins sur les agences de notation ; les seconds sont supprimés pour les expositions des banques en actions ou dans d'autres établissements ; il y a donc une forme de convergence entre les deux ;

– la revue fondamentale du portefeuille de marché (FRTB – *Fundamental Review of the Trading Book*) est reportée de 2019 à 2022 afin de permettre une adaptation progressive des outils qui permettent de pondérer les expositions de marché prises par les banques.

En conséquence, les règles de Bâle III sont définitivement arrêtées et entérinées.

## L'approbation du Paquet bancaire en 2019

Concrètement, les éléments officialisés dans cette approbation du Parlement européen sont les suivants (source : Sia Partners) :

– le ratio de levier (rapport entre le CET 1 – *Common Equity Tier 1* – et les actifs totaux non pondérés) est fixé à 3 % pour tous les établissements. Les banques systémiques ont en plus un coussin à respecter à hauteur de 1,50 % ;

– pour le NSFR (*Net Stable Funding Ratio*), une décote est accordée pour certains postes du bilan, notamment les actifs liquides de haute qualité (HQLA) ;

– la CRRII modifie certains standards de mesure des risques : le FRTB (*Fundamental Review of the Trading Book*) est introduit dans le reporting pour le risque de marché, la SA-CCR (*Standardized Approach for Counterparty Credit Risk*), nouvelle approche standard des risques de contrepartie est introduite. Ces éléments concourent à modifier l'approche des risques ;

– la CRDV est étendue à toutes les banques d'un pays tiers dont la somme des actifs du bilan est supérieure à 40 Mds € et ayant au moins deux filiales dans l'Union ; lesdits établissements sont obligés d'introduire une holding consolidante (*intermediate EU Parent Undertaking*) ;
– pour les banques plus petites, des versions simplifiées devraient être mises en place pour une approche plus proportionnelle de l'évaluation des risques, de la même manière qu'elles pourraient bénéficier d'un reporting allégé.

## ■ *Bâle III et le Covid-19 : assouplissement puis report*

Le 12 mars 2020, les autorités européennes ont décidé d'assouplir la composition des fonds propres durs du pilier 2 ; lesdits fonds propres peuvent temporairement contenir des dettes de moins bonne qualité. Les banques sont en outre autorisées à puiser dans leurs réserves couvrant habituellement leurs besoins de liquidités à un mois ; dit autrement, les règles du LCR sont momentanément assouplies.

Le 27 mars 2020, les autorités de Bâle ont décidé de reporter d'un an la mise en application des accords de Bâle III : ils seront donc à mettre en place entre 2023 et 2028. Cette décision a été prise au niveau mondial et à l'unanimité.

## ■ *Les stress tests : principes généraux*

Depuis la crise financière, une nouvelle méthode d'évaluation systématique et régulière des risques pouvant toucher les systèmes bancaires a été mise en place : les *stress tests*.

Un ***stress test***, ou test de résistance, consiste à simuler des conditions financières et/ou économiques extrêmes pour connaître les capacités de résistance des banques dans ces circonstances. Déjà abordés et mis en partie en place avec Bâle II, ils sont généralisés et accrus depuis la crise financière. En France, ces tests ont lieu selon une périodicité semestrielle afin de bien appréhender les évolutions macroéconomiques sur certaines variables microéconomiques.

L'architecture des premiers *stress tests* se présentait comme suit (ACPR, Analyses et synthèses, janvier 2013) :

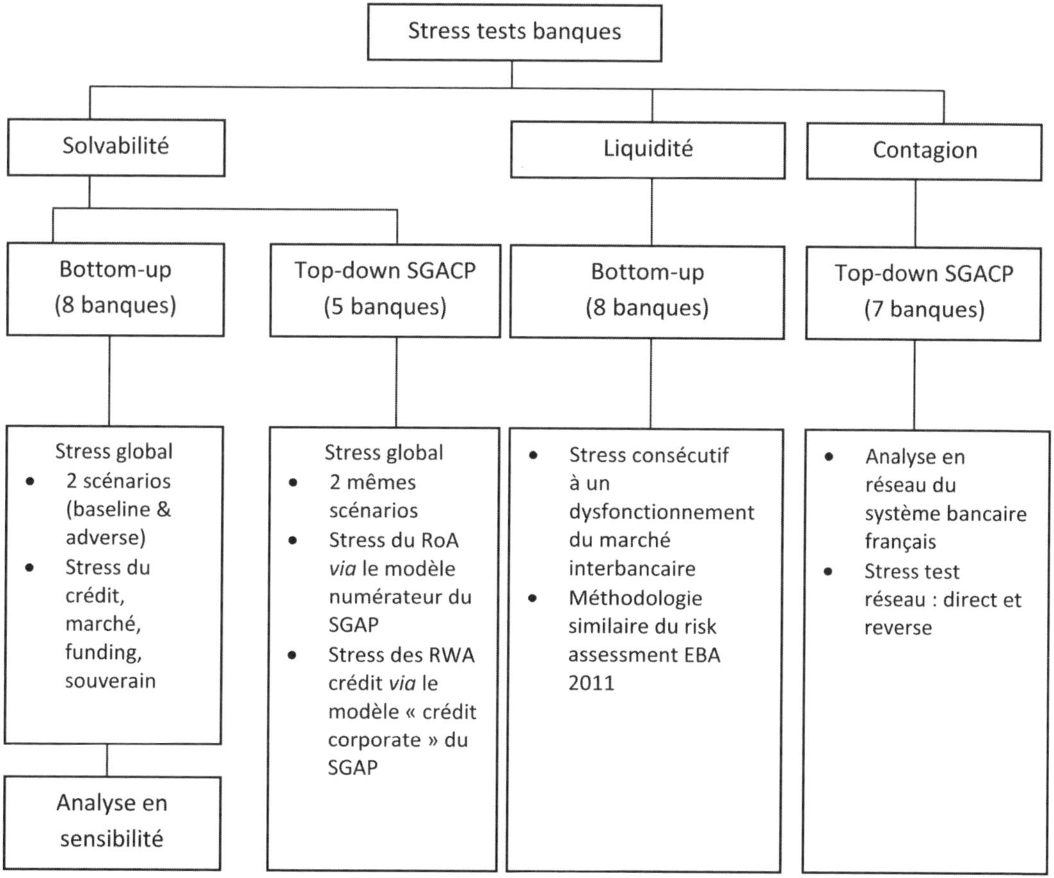


RWA – *Risk Weighted Assets* (actifs pondérés par le risque)
RoA – *Return on Assets* (rentabilité des actifs)

EBA – *European Banking Authority*
SGAP – Secrétariat Général de l'ACPR

Les *stress tests* traitent les problèmes de solvabilité (risque souverain, risque de crédit et de marché, coût de refinancement), de liquidité en cas de dysfonctionnement du marché interbancaire, et les problèmes de contagion. On parle de « *bottom-up* » lorsque le *stress test* est effectué par les banques elles-mêmes à partir de leurs modèles internes sous contrôle de l'ACPR. En parallèle, l'ACPR, *via* son secrétariat général, procède à un examen « *top-down* » pour apprécier les résultats des banques.

L'AQR – *Asset Quality Review* – consiste à vérifier si les actifs risqués sont correctement valorisés dans le bilan des banques et si les créances toxiques ont fait l'objet de provisions suffisantes. Au total, les actifs étudiés sont les prêts restructurés, les dettes souveraines, les prêts dits non performants, le trading book et les postes hors-bilans. On parle de prêt non performant après un retard de 90 jours avéré.

## ■ *Le cas particulier des établissements d'importance systémique*

Le FMI, la BRI et le Conseil de la stabilité financière définissent les ***SIFI – Systemically Importance Financial Institution*** (ou ***G-SIB – Banque globale à caractère systémique*** ou ***LCFI – Large and Complex Financial Institutions***) selon 5 critères :

- la taille ;
- l'interconnexion de l'établissement avec les autres banques (via le marché interbancaire, les participations, etc.) ;
- la substituabilité (c'est-à-dire l'aptitude d'une banque à se substituer à une autre ou, autrement dit, comment le système bancaire peut résister à la défaillance d'une banque) ;
- l'internationalisation des activités (actifs et passifs transfrontaliers) ;
- la complexité des activités, plus particulièrement le poids de l'activité des marchés (OTC, trading books...).

30 banques ont été déclarées établissements à caractéristique systémique (dont 4 françaises : BNP Paribas, Société Générale, BPCE et Crédit Agricole).

Ces banques sont soumises à des contraintes supplémentaires, et tout particulièrement à des réserves d'obligations afin d'éviter que les États ne les renflouent en cas de crise. Ces réserves sont appelées TLAC – *Total Loss Absorbing Capacity* ; elles devraient être comprises entre 16 et 20 % des actifs pondérés et pourront être converties en fonds propres en cas de besoin.

À la suite de la dernière liste publiée par le Conseil de la stabilité financière constituée sous l'égide du G20, on dénombre 30 banques d'importance systémique, dont le matelas/coussin de capitaux propres va de + 3, 5 % à + 1 %.

La catégorie 5 (+ 3,5 %) ne compte plus aucune banque ; la catégorie 4 (+ 2,5 %) n'est plus constituée que de JP Morgan. BNP – Paribas se situe en catégorie 2 (+ 1, 5 %) tandis que Crédit Agricole et Société Générale sont en catégorie 1 (+ 1 %). Enfin, notons que BPCE n'est plus listée comme « *too big to fail* ».

Un rapport du Comité de Bâle publié le 20 mars 2019 note que les grandes mondiales ont nettement progressé en termes d'assise financière, en conformité avec Bâle III. L'étude a porté sur 189 établissements dans le monde au 30 juin 2018 : 30 Mds € devront être émis avant 2027 pour une mise en conformité avec les exigences réglementaires, ce chiffre devant être comparé aux besoins requis en 2015 lors du précédent rapport, ledit chiffre est en baisse de 70 % par rapport à celui de 2015.

Nonobstant, quelques risques demeurent.

## ■ *Les risques 2019 vus par le MSU et la SREP*

Selon un rapport de l'ACPR (Visnovsky, *Les risques pour le système bancaire et les enjeux de supervision pour 2019*), les priorités du MSU sont les suivantes : suivi des lignes directrices sur les *non performing loans* pour limiter le risque de crédit avec un examen ciblé de l'ACPR sur les modèles internes d'évaluation ; suivi des risques informations et liés à la cyber sécurité ; suivi des risques multidimensionnels, etc.

La ***Revue annuelle des risques bancaires*** (SREP) de 2019 fait état de quelques défaillances en termes de contrôle interne et de gestion des risques. Le contrôle interne consiste à vérifier que les fonds propres sont suffisamment importants eu égard aux risques encourus par la banque, ce sont les exigences individuelles en fonds propres (Pilier 2). Selon l'autorité, six banques placées sous surveillance n'ont pas atteint en 2019 le niveau requis : quatre y ont concouru rapidement, deux devaient le faire, avant que la Covid-19 n'arrive...

L'Autorité bancaire européenne (EBA) avait lancé, en 2018, une série de *stress tests* sur des prévisions macroéconomiques particulièrement sévères (des taux de croissance de – 1,8 % en 2018, – 2,2 % en 2019 et + 0,7 % en 2020 correspondant à un taux de chômage en hausse de 3,3 % et une chute des prix de l'immobilier de 27 %). Au total, 48 banques y sont soumises, représentant 70 % des actifs bancaires de l'Union européenne.

Les résultats ont démontré la résilience des banques françaises ; malgré les prévisions plus sévères, le ratio CET 1 à l'horizon 2020 était identique au précédent *stress test* (9,7 %).

Le *stress test* suivant devait être effectué en 2020 avec des indicateurs plus durs encore (chute du PIB en zone euro de 4,3 % entre 2020 et 2022, augmentation du taux de chômage de 3,5 %, etc.). *Ex post*, le PIB de la zone euro a diminué de 6,8 % pour un taux de chômage passé de 7,2 à 8,3 %, soit une augmentation de 15,3 % !

À la mi-mars 2020, les deux tiers de la population mondiale étaient confinés. Les autorités de tutelle bancaires européennes ont décidé de reporter l'exercice à 2021.

**Focus**

Le *stress test* de 2021, lancé en février par l'Autorité bancaire européenne, porte sur 50 banques dont 38 domiciliés dans la zone euro. Les prévisions sont drastiques car basées sur une prolongation de la récession et une baisse durable des taux longs (baisse du PIB de 3,6 % sur 2021-2023, hausse de 4,7 % du taux de chômage, chute des prix de l'immobilier de 16,1 %, chute des marchés actions de 50 % en 2021).

## ■ *La lutte contre le blanchiment des capitaux*

On appelle ***blanchiment de capitaux*** le fait de « faciliter, par tout moyen, la justification mensongère de l'origine des biens ou des revenus de l'auteur d'un crime ou d'un délit ayant procuré à celui-ci un profit direct ou indirect, et d'apporter un concours à une opération de placement, de dissimulation ou de conversion du produit direct ou indirect d'un crime ou d'un délit ».

Depuis plusieurs années, les banques sont tenues à déclarer des opérations susceptibles de provenir de trafics de drogues ou d'activités criminelles.

Les premières lois sont les suivantes (*www.economie.gouv.fr*) :

- la loi du 12 juillet 1990, relative à la participation des organismes financiers à la lutte contre le blanchiment des capitaux provenant du trafic des stupéfiants, impose de nouvelles obligations aux établissements de crédit et professions financières, dont celle d'informer TRACFIN – Traitement du renseignement et action contre les circuits financiers clandestins – chaque fois qu'une transaction leur paraît suspecte : le principe de la « déclaration de soupçon », qui rompt le secret bancaire, est institué ;
- la loi du 29 janvier 1993, relative à la prévention de la corruption et à la transparence de la vie économique et des procédures publiques, élargit le champ d'application de la loi précitée au produit de l'activité d'organisations criminelles ;
- la loi du 13 mai 1996, relative à la lutte contre le blanchiment et le trafic des stupéfiants, et à la coopération internationale en matière de saisie et de confiscation des produits du crime, crée un délit général de blanchiment du produit de tous crimes et délits. Ce texte renforce également le contrôle exercé sur les changeurs manuels et soumet les courtiers d'assurance et de réassurance

aux mêmes obligations anti-blanchiment que les entreprises d'assurances dans le cadre de la loi du 12 juillet 1990. Il conforte, par ailleurs, le rôle de TRACFIN au centre d'un système international puissant de lutte contre le blanchiment, en lui permettant d'exercer son droit de communication au profit d'organismes étrangers exerçant des compétences analogues et soumis à des obligations identiques de secret professionnel ;
- la loi du 2 juillet 1998, portant diverses dispositions d'ordre économique et financier, assujettit les professionnels de l'immobilier (notaires et agents immobiliers essentiellement) à l'obligation de vigilance et de déclaration de soupçon à TRACFIN.

En octobre 2014, 49 pays sous l'égide de l'OCDE signaient un accord sur l'échange automatique de données.

Antérieurement, un décret du 7 mai 2013 oblige les établissements financiers à, « lorsqu'ils signalent une opération de transmission de fonds effectuée en espèces ou en monnaie électronique, transmettre à TRACFIN un certain nombre d'informations, à condition que ces opérations dépassent deux seuils :
- 1 000 € par opération, à compter du 1er octobre 2013 ;
- 2 000 € cumulés sur un mois calendaire pour un même client, à compter du 1er avril 2014.

Dans ces deux cas de figure, les informations devant accompagner la déclaration Tracfin sont les suivantes :
- les éléments d'identification et les coordonnées des personnes habilitées à la déclaration ;
- les éléments d'identification du client ;
- le type, la référence et la date de l'opération ainsi que son montant ;
- la désignation de l'établissement de contrepartie et de son client.

Ces informations doivent être transmises au plus tard dans les 30 jours suivant la date d'opération » (*www.cbanque.com*).

À la suite des « Panama Papers », les États ont réfléchi à un renforcement des règles. En France, la loi ***Sapin II*** relative à « la transparence, à la lutte contre la corruption et à la modernisation de la vie économique » a été approuvée par l'Assemblée en juin 2016 et adoptée depuis. Elle renforce notamment la Directive européenne d'obligation de publication d'informations sur les impôts dus par les multinationales pour lutter contre l'évasion fiscale. La loi française élargit le périmètre des entreprises soumises à ce *reporting* par rapport à celui de la directive européenne et prévoit également l'encadrement du statut de lanceur d'alerte et la création d'un répertoire numérique des « représentants d'intérêt » pour encadrer les lobbies.

Sur le plan européen, de nouvelles normes ont été édictées en mai 2015 selon la quatrième directive : les États doivent désormais mettre en place des registres nationaux des bénéficiaires effectifs des entreprises et de certains « *trusts* ».

En termes de lutte contre le financement du terrorisme, il est prévu les éléments suivants (*europa.eu*) :

- « renforcer les pouvoirs des cellules de renseignement financier de l'UE et faciliter la coopération entre elles : le champ des informations accessibles aux cellules de renseignement financier sera élargi et elles auront accès aux informations contenues dans les registres centralisés des comptes bancaires et des comptes de paiement ainsi que dans les systèmes centraux de recherche de données, que les États membres devront mettre en place pour identifier les titulaires de comptes bancaires et de comptes de paiement ;
- agir sur les risques de financement du terrorisme liés aux monnaies virtuelles : afin d'empêcher les utilisations abusives de monnaies virtuelles à des fins de blanchiment de capitaux et de financement du terrorisme, la Commission propose d'inclure les plateformes de change de monnaies virtuelles et les fournisseurs de services de portefeuille de stockage dans le champ d'application de la directive sur la lutte contre le blanchiment de capitaux. Ces entités seront tenues d'effectuer des contrôles liés à la vigilance à l'égard de la clientèle lors de l'échange de monnaies virtuelles contre des monnaies réelles, ce qui mettra fin à l'anonymat associé à ce type d'échanges ;
- contrer les risques liés aux instruments prépayés anonymes (par exemple, les cartes prépayées) : la Commission propose également de réduire au minimum le recours aux paiements anonymes au moyen de cartes prépayées, en abaissant les seuils en dessous desquels une identification n'est pas requise de 250 € à 150 € et en élargissant les exigences relatives à la vérification de l'identité des clients. Le principe de proportionnalité a été pris en considération et une attention particulière a été accordée à l'utilisation de ces cartes par les citoyens vulnérables sur le plan financier ;
- appliquer des contrôles plus stricts aux pays tiers à risque : conformément aux dispositions de la quatrième directive sur la lutte contre le blanchiment de capitaux, la Commission propose d'harmoniser la liste des contrôles applicables aux pays dans lesquels la lutte contre le blanchiment de capitaux et le financement du terrorisme présentent des lacunes. Les banques devront procéder à des contrôles supplémentaires ("mesures de vigilance") sur les flux financiers en provenance de ces pays. La liste de pays, établie sur le modèle de la liste du GAFI, sera, pour des raisons procédurales, formellement adoptée le 14 juillet ;
- renforcer les règles de transparence pour empêcher l'évasion fiscale et le blanchiment de capitaux ;
- accorder au public un accès illimité aux registres des bénéficiaires effectifs : les États membres rendront publiques certaines informations contenues dans les registres des bénéficiaires effectifs des sociétés ou "trusts" liés à des activités commerciales. Des informations sur tous les autres

"trusts" figureront dans les registres nationaux et seront mises à la disposition des parties qui font valoir un intérêt légitime. Les bénéficiaires effectifs qui possèdent 10 % d'une société présentant un risque d'être utilisée à des fins de blanchiment de capitaux et de fraude fiscale seront inscrits dans les registres. Le seuil reste fixé à 25 % pour toutes les autres sociétés ;

– mettre en relation les registres : la proposition prévoit l'interconnexion directe des registres pour faciliter la coopération entre les États membres ;
– étendre le champ des informations accessibles aux autorités : la Commission a proposé que les comptes existants et nouveaux fassent obligatoirement l'objet de contrôles liés à la vigilance. Cette mesure empêchera que les comptes qui sont potentiellement utilisés à des fins d'activités illicites échappent à la détection. Les sociétés et "trusts" passifs, tels que ceux qui ont été mis en évidence par les "Panama Papers", feront également l'objet de contrôles plus rigoureux et de règles plus strictes. »

La 5e directive est entrée en vigueur en janvier 2020 :
« La directive élargit le champ des entités assujetties à la LCB-FT, en particulier dans le secteur des actifs virtuels (crypto-actifs).
Les obligations de transparence relatives aux bénéficiaires effectifs des sociétés et des trusts/fiducies sont renforcées.
Les conditions d'utilisation, notamment en matière d'anonymat, de la monnaie électronique et des cartes prépayées sont limitées.
Des registres centraux permettant l'identification des détenteurs, mandataires et bénéficiaires effectifs de comptes bancaires, comptes de paiement et coffres-forts devront être renforcés ou établis dans les États membres n'en disposant pas.
Les mesures de vigilance complémentaires sont mises en place à l'égard des pays tiers à haut risque identifiés par la Commission européenne.
Enfin, plusieurs dispositions visent à améliorer l'échange d'informations entre autorités compétentes en matière de LCB-FT et cellules de renseignements financiers (Tracfin en France). Ces dernières voient leurs prérogatives renforcées et harmonisées » (Ministère de l'Economie et des Finances).

Enfin, comme vu plus haut, l'ABE est responsable à elle seule du pilotage et du suivi des efforts en termes de lutte contre le blanchiment des capitaux en Europe.

Dix ans après le G20 de 2009 requérant la fin du secret bancaire, force est de constater un très net progrès au sein des pays de l'OCDE. À l'issue de l'entrée en vigueur, en 2017, de l'accord sur l'échange automatique d'informations promulgué en 2014, une centaine de pays ont échangé en 2019, 50 millions de comptes bancaires. Seuls trois pays sont aujourd'hui considérés comme pratiquant encore le secret bancaire (Guatemala, Kazakhstan et Trinité & Tobago).

Chapitre 4

# Banque et gestion financière

*Sans entrer dans le détail de la comptabilité financière, deux éléments semblent particulièrement importants, le bilan d'une banque est inversé par rapport à celui d'une entreprise industrielle et commerciale ; le compte résultat est systématiquement retraité en soldes intermédiaires de gestion pour être utilisé comme instruments de gestion.*

## 1 Le bilan et ses documents complémentaires

Pour une analyse patrimoniale d'une banque, trois documents sont indispensables :
- le bilan ;
- le hors-bilan ;
- l'annexe.

### ■ Le bilan

Le ***bilan d'une banque*** est bien un document comptable qui expose l'***état patrimonial*** de l'établissement. L'actif prend en compte les avoirs et les créances, tandis que le passif expose les ressources (dettes et fonds propres) de la banque mais c'est au sein de l'actif et du passif que les postes sont inversés, comme montré schématiquement dans le bilan simplifié page suivante :

| Actif | Passif |
|---|---|
| Caisse<br>Comptes banque centrale<br>Comptes auprès d'autres banques (dites correspondantes)<br>Crédits aux autres banques | Emprunts banque centrale<br>Comptes auprès d'autres banques (dites correspondantes)<br>Emprunts auprès d'autres banques |
| Crédits à la clientèle | Dépôts à vue et engagement de la clientèle |
| Opérations sur titres<br>Portefeuilles titres<br>Valeurs remises à l'encaissement | Opérations sur titres<br>Titres émis (hors actions et assimilées)<br>Succursales |
| Participation<br>Créances douteuses | Provision<br>Capitaux propres |

Le bilan est donc présenté par ***ordre de liquidité décroissante*** car, si les fonds propres sont essentiels pour assurer la solvabilité de l'établissement, les activités les plus importantes pour une banque ont lieu d'être sur le marché interbancaire. C'est bien là l'objet des lignes 1.

Puis en ligne 2, viennent se loger les activités d'intermédiation, métier historique des banques.

En lignes 3, ce sont les activités marché des banques dites BFI – Banque de financement et d'investissement.

Enfin les dernières lignes font état des participations, provisions et fonds propres.

Nous présentons ci-après un modèle de bilan afin de bien montrer la présentation de ce document comptable.

**Bilan :** *Comptes consolidés*

| | Actif | | Passif |
|---|---|---|---|
| 1 | Caisse, banques centrales, CCP | 1 | Caisse, banques centrales |
| 2 | Actifs financiers à la juste valeur par résultat | 2 | Passifs financiers à la juste valeur par résultat |
| 3 | Instruments dérivés de couverture | 3 | Instruments dérivés de couverture |
| 4 | Actifs financiers disponibles à la vente | 4 | Dettes envers les établissements de crédit |
| 5 | Prêts & créances sur les établissements de crédit | 5 | Dettes envers la clientèle |
| 6 | Prêts & créances sur la clientèle | 6 | Dettes représentées par un titre |

| | | | |
|---|---|---|---|
| 7 | Écart de réévaluation des portefeuilles couverts en taux | 7 | Écart de réévaluation des portefeuilles couverts en taux |
| 8 | Actifs financiers détenus jusqu'à l'échéance | 8 | Passifs d'impôts courants |
| 9 | Actifs d'impôts courants | 9 | Passifs d'impôts différés |
| 10 | Actifs d'impôts différés | 10 | Comptes de régularisation et passifs divers |
| 11 | Comptes de régularisation et actifs divers | 11 | Dettes liées aux actifs non courants destinés à être cédés |
| 12 | Actifs non courants destinés à être cédés | 12 | Provisions techniques des contrats d'assurance |
| 13 | Participations dans les entreprises mises en équivalence | 13 | Provisions pour risques et charges |
| 14 | Immeubles de placement | 14 | Dettes subordonnées |
| 15 | Immobilisations corporelles | 15 | Capitaux propres |
| 16 | Immobilisations incorporelles | 16 | Capitaux propres part du groupe |
| 17 | Écarts d'acquisition | 17 | Capital et réserves liées |
| | | 18 | Réserves consolidées |
| | | 19 | Gains ou pertes latents ou différés |
| | | 20 | Résultat de l'exercice |
| | | 21 | Intérêts minoritaires |
| | **Total actif** | | **Total passif** |

## ■ *Le hors-bilan et l'annexe des banques*

Le ***hors-bilan*** est un document tout aussi important, voire plus important parfois car son montant total peut être largement supérieur au total du bilan. Il fait état des engagements et garanties donnés ou reçus.

| HORS-BILAN | | | |
|---|---|---|---|
| **POSTE** | | **N** | **N–1** |
| | **1° ENGAGEMENTS DONNÉS** | | |
| | ENGAGEMENTS DE FINANCEMENT | | |
| 1 | Engagements en faveur d'établissements de crédit | | |
| 2 | Engagements en faveur de la clientèle | | |
| | ENGAGEMENTS DE GARANTIE | | |
| 3 | Engagements d'ordre d'établissement de crédit | | |
| 4 | Engagements d'ordre de la clientèle | | |
| | ENGAGEMENTS SUR TITRES | | |
| 5 | Titres acquis avec faculté de rachat ou de reprise | | |
| 6 | Autres engagements donnés | | |
| | **2° ENGAGEMENTS REÇUS** | | |
| | ENGAGEMENT DE FINANCEMENT | | |
| 7 | Engagements reçus d'établissement de crédit | | |
| | ENGAGEMENT DE GARANTIE | | |
| 8 9 | Engagements reçus d'établissement de crédit | | |
| | ENGAGEMENTS SUR TITRES | | |
| 10 | Titres vendus avec faculté de rachat ou de reprise | | |
| 11 | Autres engagements reçus | | |

Le hors-bilan a donc toute son importance puisqu'il prend en compte les engagements n'ayant pas donné lieu à entrée ou sortie de flux de trésorerie donc ne pouvant pas être inscrits dans le bilan mais pourtant potentiellement porteurs de risques.

Au-delà des risques portés par les opérations sur les marchés dérivés (précisés dans l'annexe), prenons deux exemples d'engagements hors bilan :

– les ***crédits revolving des ménages*** : rappelons que ce sont des crédits permanents qui se renouvellent au fur et à mesure des remboursements mais dont l'enveloppe totale n'est pas systématiquement tirée. Pour autant, leur construction en fait l'un des crédits aux particuliers les plus dangereux ;

– les ***libres de substitution*** : ce sont des engagements accordés par un ou plusieurs établissements à un émetteur de billets de trésorerie. On parle de substitution car les banques engagées se substituent au marché si celui-ci est en dysfonctionnement afin que l'entreprise dispose des moyens de financement dont elle a besoin. Le risque de crédit peut donc exister.

Enfin l'***annexe***, comme dans le Plan comptable général des entreprises, complète et commente le bilan (et le compte de résultat) pour obtenir une image fidèle de la situation patrimoniale des banques et les risques supportés. Elle a acquis plus d'importance encore dans Bâle II puisqu'elle fait état des ***règles d'allocation des fonds propres*** de la banque.

## 2 Le compte de résultat ou soldes intermédiaires de gestion

Le compte de résultat expose l'ensemble des produits et charges enregistrés au cours de l'exercice comptable mais est présenté dans les documents comptables tels que les ***soldes intermédiaires de gestion***, qui comme dans le cas des entreprises, exposent la contribution de chaque direction (exploitation, financière, etc.) au résultat. Ils se présentent comme suit :

Produits d'exploitation bancaire
– Charges d'exploitation
+ Autres produits nets d'exploitation
+/– Résultat des opérations sur titres de portefeuille
**= PRODUIT NET BANCAIRE (PNB)**
– Charges générales d'exploitation
+ Dotations aux amortissements et provisions sur immobilisations
**= RÉSULTAT BRUT D'EXPLOITATION (RBE)**
– Coût du risque
**= RÉSULTAT D'EXPLOITATION (RE)**
+/– Gains/pertes sur actifs immobilisés
**= RÉSULTAT COURANT AVANT IMPÔT (RCAI)**
+/– Produits & charges exceptionnelles
– IS
**= RÉSULTAT NET**

Le premier solde – *PNB* (***produit net bancaire***) – est le solde le plus important. Il correspond à la notion de valeur ajoutée pour une entreprise non financière.

Il permet d'apprécier la capacité de la banque à générer des produits pour couvrir ses charges et est souvent décomposé selon les différentes activités de la banque (opération avec la clientèle de réseau, opération de marché...) afin d'apprécier leur contribution respective aux résultats de la banque.

Il peut également être décomposé entre activités commissionnées et activités d'intermédiation afin de voir l'exposition de la banque à la variation des taux d'intérêt. En effet, le PNB est la somme de la marge d'intermédiation (activité de dépôts et de prêts) et des commissions nettes (conseils et opérations auprès de la clientèle).

Le deuxième solde – *RBE* (***résultat brut d'exploitation***) – mesure la capacité de la banque à générer un résultat après charges d'exploitation (frais généraux, amortissements, etc.). La banque ensuite en extrait le ***coefficient d'exploitation*** (cf. § 3).

Le troisième solde – *RE* (***résultat d'exploitation***) – est une marge prenant en compte le risque de contrepartie puisqu'il déduit du solde précédent le coût du risque calculé sur le montant des dotations aux provisions pour créances douteuses et pour dépréciation de la valeur des actifs par rapport à leur prix de marché.

Le quatrième solde – *RCAI* (***résultat courant avant impôt***) – fait état de la marge générée par la banque sur ses activités courantes (dont les pertes et/ou gains sur cessions d'immobilisations) et après comptabilisation des coûts dans leur ensemble (risque et structure).

Le cinquième solde – ***Résultat net*** – prend évidemment en compte tous les produits et charges de l'exercice donné.

## 3 Les principaux ratios utilisés en gestion

De ces documents comptables, certains ratios ou indicateurs sont établis. Les plus connus sont le coefficient d'exploitation utilisé comme instrument de pilotage et de gestion interne et le *Return on Equities* utilisé comme indicateur de performance financière.

### ■ *Le coefficient net d'exploitation*

Ce coefficient rapporte les coûts de structure (charges générales d'exploitation, c'est-à-dire les frais généraux et les dotations aux amortissements et provisions sur immobilisations corporelles et incorporelles) au PNB.

À titre indicatif, notons que le coefficient moyen pour les 5 grands groupes bancaires est de 69,6 % en 2019.

## ■ *La marge bancaire globale*

C'est le rapport entre PNB et le total du bilan auquel on rajoute l'équivalent crédit des encours des produits dérivés inscrits au hors-bilan.

## ■ *La productivité par agent*

C'est le rapport d'une activité donnée (crédits, dépôts ou PNB par exemple) et les effectifs affectés à ladite activité.

## ■ *Les indicateurs du coût du risque*

Ils peuvent être variés ; ce peut être le ***taux de créances douteuses*** (créances douteuses/total des encours de crédits), le ***taux de couverture de créances douteuses*** (dotations/encours de créances douteuses) ou encore le ***taux de provisionnement*** (dotations/total des encours de crédits), etc.

## ■ *Les indicateurs de performance*

Ce sont les suivants :

– RoE – *Return on Equities* (Résultat net / Capitaux propres)

Notons que ce fameux RoE a été largement décrié depuis la crise puisqu'une convention, plus qu'une norme, avait été mise au grand jour lorsqu'il s'était agi d'afficher un minimum de 15 % pour concourir entre grandes banques de la planète.

On a, également, la notion de RoA (sans doute moins utilisée dans les banques), le ***RoA – Return on Assets*** – étant le rapport entre résultat net et total de bilan.

– Raroc – *Risk Adjusted Return on Capital*

C'est le rapport entre marge prévisionnelle après déduction des pertes moyennes anticipées et le capital économique.

On entend par perte moyenne anticipée une perte dite prévisible chiffrée par une provision évaluée *ex ante*. On entend par capital économique le niveau de capitaux propres nécessaires pour couvrir des pertes exceptionnelles.

## 4 Exemple de comptes : le bilan et les soldes intermédiaires de gestion des grands groupes bancaires français

Les banques françaises ont souffert de la crise sanitaire mais elles souffrent également du contexte des taux bas – depuis bien avant la pandémie – tout autant que de la pression venue des nouveaux entrants évoqués plus faut ; on soulignera cependant que le système français est celui qui fut le moins affecté en Europe, grâce notamment à son *business model* qui repose sur la banque universelle, démontrant *ipso facto* sa résilience.

En 2020, BNP-Paribas enregistre un résultat net de 7,1 Mds €, en baisse de 13,5 % ; son PNB s'élevait à 44,3 Mds €, soit une légère baisse seulement (– 0,7 %), tandis que le coût du risque a forcément augmenté compte tenu de la conjoncture sanitaire ; il s'établit à – 5,7, soit une hausse de 78,1 %. La Société Générale, quant à elle, enregistre un résultat net part du groupe négatif à hauteur de – 258 Mds € avec un PNB en baisse de 8,64 % (22,11 Mds €) et un coût du risque de – 3,3 (65 % de hausse).

Crédit Agricole SA affiche un résultat net de 4,7 Mds €, avec un PNB de 33,6 Mds € et un coût du risque multiplié par 2,1 (– 3,6 Mds €).

BPCE enregistre une baisse de son résultat net qui s'élève à 1,61 Mds € (– 46,9 %) avec un PNB en hausse cependant de 2,5 % par rapport à 2019 (22,5 Mds €). On notera que début 2021, le Groupe a décidé de lancer une offre de rachat de sa filiale Natixis jusqu'alors cotée en bourse.

Nous reprenons ci-après les éléments donnés par l'ACPR dans son étude « La situation des grands groupes bancaires français à fin 2019 » dans *Analyses et Synthèses*.

Le bilan abrégé des cinq principaux groupes bancaires (BNP-Paribas, Société Générale, BPCE, Crédit Agricole, Crédit-Mutuel/CIC) est le suivant :

| Mds € | 2016 | 2017 | 2018 | 2019 |
|---|---|---|---|---|
| **Actif** | | | | |
| Trésorerie et comptes à vue auprès de banques centrales | 486,9 | 550,2 | 520,9 | 590,1 |
| Actifs financiers détenus à des fins de transaction | 1 421,3 | 1 178,5 | 1 315,7 | 1 409,8 |
| Actifs financiers détenus à des fins autres que de négociation et obligatoirement en juste valeur par le biais du compte de résultat | | | 69,4 | 69,9 |
| Actifs financiers évalués à la juste valeur par capitaux propres | | | 261,5 | 260,3 |
| Prêts et créances sur les grandes entreprises | | | 1 348,0 | 1 436,3 |

| | | | | |
|---|---|---|---|---|
| Prêts et créances sur la clientèle de détail | | | 1 649,0 | 1 751,6 |
| Autres prêts et créances | | | 923,4 | 935,7 |
| Dérivés – comptabilité de couverture | | | 49,2 | 63,7 |
| Autres actifs | | | 487,4 | 493,8S |
| **Passif** | | | | |
| Passifs financiers détenus à des fins de transactions | | | 1 153,2 | 1 196,9 |
| Passifs financiers désignés à la juste valeur par le biais du compte de résultat | | | 193,0 | 212,7 |
| Dérivés – comptabilité de couverture | | | 50,7 | 64,1 |
| Dépôts banque centrale | | | 182,3 | 177,6 |
| Dépôts d'établissements de crédit | | | 213,5 | 222,9 |
| Dépôts (autres que ceux d'établissements de crédit) | | | 3 160,1 | 3 349,7 |
| Titres de dette (y compris obligations) | | | 922,4 | 993,9 |
| Provisions | | | 32,0 | 29,9 |
| Passifs subordonnés | | | 80,6 | 83,9 |
| Capitaux propres part du groupe | | | 399,0 | 426,7 |
| Autres passifs | | | 237,7 | 252,8 |
| **Total de bilan** | | | **6 624,6** | **7 011,2** |

Les soldes intermédiaires de gestion des six grandes banques (La Banque Postale comprise) sont les suivants :

| **Mds €** | **2012** | **2013** | **2014** | **2015** | **2016** | **2017** | **2018** | **2019** |
|---|---|---|---|---|---|---|---|---|
| **Produit net bancaire** | **135,0** | **136,5** | **136,4** | **146,2** | **145,7** | **146,4** | **147,7** | **150,6** |
| Frais de gestion | 93,5 | 92,7 | 91,9 | 98,4 | 98,4 | 101,5 | 103,6 | 104,7 |
| *Coefficient d'exploitation* | *69,3 %* | *67,9 %* | *67,3 %* | *66,5 %* | *67,5 %* | *69,3 %* | *70,2 %* | *69,6 %* |
| Résultat Brut d'Exploitation | 41,5 | 43,8 | 44,6 | 48,9 | 47,4 | 44,9 | 44,1 | 45,8 |
| Coût du risque | 16,1 | 15,7 | 12,6 | 12,9 | 10,3 | 8,4 | 8,0 | 9,0 |

| | | | | | | | | |
|---|---|---|---|---|---|---|---|---|
| **Résultat d'exploitation** | **25,4** | **28,1** | **32,0** | **36,0** | **37,1** | **36,5** | **36,1** | **36,8** |
| Autres produits (+) et charges (-) | - 2,9 | + 0, 8 | -6,0 | 1,9 | 0,5 | 2,5 | 2,0 | 1,4 |
| **Résultat avant impôt** | **22,5** | **28,9** | **26,0** | **37,9** | **37,6** | **38,9** | **38,1** | **38,3** |
| Impôts | 8,5 | 9,2 | 10,2 | 12,5 | 11,5 | 12,7 | 9,8 | 9,6 |
| Activités arrêtées ou en cours de cession | - 4,0 | 0 | -0,1 | -0,1 | 0,1 | 0 | 0 | 0 |
| **Résultat net** | **9,9** | **19,8** | **15,8** | **25,4** | **26,1** | **26,2** | **28,4** | **28,6** |
| Intérêts minoritaires | 1,5 | 1,7 | 1,5 | 1,8 | 1,8 | 2,3 | 2,8 | 3,1 |
| **Résultat net part du groupe** | **8,4** | **18,0** | **14,3** | **23,7** | **24,3** | **23,9** | **25,6** | **25,6** |

Source : ACPR

La répartition du PNB par ligne de métier est la suivante :

| | **2012** | **2013** | **2014** | **2015** | **2016** | **2017** | **2018** |
|---|---|---|---|---|---|---|---|
| Banque de financement & d'investissement | 17,3 % | 17,4 % | 16,8 % | 17,6 % | 18,9 % | 18,9 % | 17,8 % |
| Banque de détail en France | 45,0 % | 46,5 % | 46,1 % | 44,6 % | 43,8 % | 43,5 % | 42,8 % |
| Banque de détail à l'étranger | 15,5 % | 14,7 % | 14,3 % | 13,2 % | 13,3 % | 13,2 % | 13,2 % |
| Financements spécialisés | 10,3 % | 10,0 % | 9,0 % | 9,3 % | 8,9 % | 9,3 % | 9,9 % |
| Gestion d'actifs & Assurance | 14,1 % | 14,2 % | 14,9 % | 14,9 % | 14,0 % | 15,2 % | 15,9 % |
| Autres | -2,7 % | -2,5 % | -1,2 % | 0,7 % | 1,1 % | -0,2 % | 0,5 % |

Le solde « autres » correspond aux activités qui ne sont pas rattachées à une ligne métier spécifique, telles que les revenus liés aux variations du risque de crédit propre, la centralisation de financements intragroupe ou la détention de participations.
Source : ACPR

## Chapitre 5

# Banque et environnement mondial : de la crise financière à la crise sanitaire

*En 2007, le monde découvrait les subprimes aux États-Unis ; de cette crise américaine est partie une crise à dimension planétaire qui fut d'abord bancaire car touchant le marché interbancaire sur les trois continents que sont l'Amérique, l'Europe et une partie de l'Asie, puis financière. Puis cette crise a muté, elle s'est transformée en passant d'une crise de l'endettement privé en une crise de l'endettement public.*
*Depuis 2020, l'humanité fait face à une crise sanitaire mondiale, n'épargnant aucun pays. Si l'urgence est médicale mais également économique, le monde d'après doit être reconstruit sur d'autres bases afin de remettre les choses à l'endroit. La pandémie amène à réfléchir à notre modèle d'expansion, pour conduire à un changement de paradigme profond et durable auquel on avait pourtant appelé après la crise financière...*

## 1 La crise financière de 2007 : les subprimes et la titrisation comme instrument de propagation

### ■ *Les crédits immobiliers américains*

La crise des *subprimes* est née le 2 avril 2007 aux USA, elle s'est diffusée dans le monde entier au cours des années 2007 et 2008 pour atteindre son paroxysme quelques jours après le 15 septembre 2008, le jour de la faillite de Lehmann Brothers.

On appelle ***subprimes*** des crédits hypothécaires accordés à des ménages à faible solvabilité aux États-Unis, par opposition aux ***primes***, crédits hypothécaires traditionnels. Une ***hypothèque*** permet au créancier, en cas de non-paiement, de faire saisir le bien ayant ainsi été hypothéqué pour obtenir sa vente et se faire payer sur le prix de vente.

À la mi-2007, l'encours des *subprimes* s'élevait à 1 300 Mds $ pour 6 millions de ménages, contre 330 Mds $ quatre ans plus tôt.

Les prêts ont été accordés pour des durées comprises entre 25 et 30 ans, à des taux d'intérêt très bas les premières années (environ 1,5 %), puis indexés sur les taux du marché (de la Fed notamment). En parallèle, les banques ont pris des garanties en hypothéquant le bien concerné.

À partir de 2004, face à la réapparition des tensions inflationnistes, la Fed remonte régulièrement ses taux directeurs, les faisant passer de 1 % à 5,25 %.

Fin 2006, les prix de l'immobilier chutent. Les deux phénomènes, hausse des taux et chute des prix dans l'immobilier, concourent à alourdir considérablement les charges financières des ménages les plus démunis et ne leur permettent plus de couvrir l'intégralité de leur créance par la vente du bien concerné. Les taux de non-remboursement de ces crédits atteint 15 % en 2007, contre un risque de défaut maximal de 10 % auparavant. La baisse des prix de l'immobilier amène la valeur des biens en deçà de la valeur des crédits, la garantie apportée ne couvre plus la perte des banques qui font face à des déséquilibres importants dans leur bilan. C'est le démarrage d'une ***crise de contrepartie*** classique qui aurait pu rester circonscrite aux banques hypothécaires américaines. Mais les créances ont été sorties du bilan de ces banques pour être rachetées par d'autres établissements financiers ou des fonds d'investissement. Aussi, la simple crise de contrepartie s'est-elle propagée de par les institutions financières et de par le monde à cause des opérations de titrisation.

## ■ *La propagation de la crise via la titrisation*

La ***titrisation*** est un montage financier qui permet à une société, industrielle ou financière, d'améliorer sa ***structure de bilan*** : l'entreprise regroupe des actifs classés en fonction de la qualité de leurs garanties pour les placer dans une structure *ad hoc* qui acquiert lesdits actifs en se finançant par l'émission de titres sur les marchés de capitaux. La structure d'accueil des actifs perçoit alors les flux d'intérêts et de remboursement sur les créances acquises pour, ensuite, les reverser aux investisseurs *via* le paiement d'intérêts et le remboursement de leurs titres.

Initialement cette technique a été utilisée par les établissements de crédit qui cherchaient à refinancer certains encours ; ils transformaient alors les prêts en titres négociables.

Le montage d'une opération de titrisation se présente comme suit :

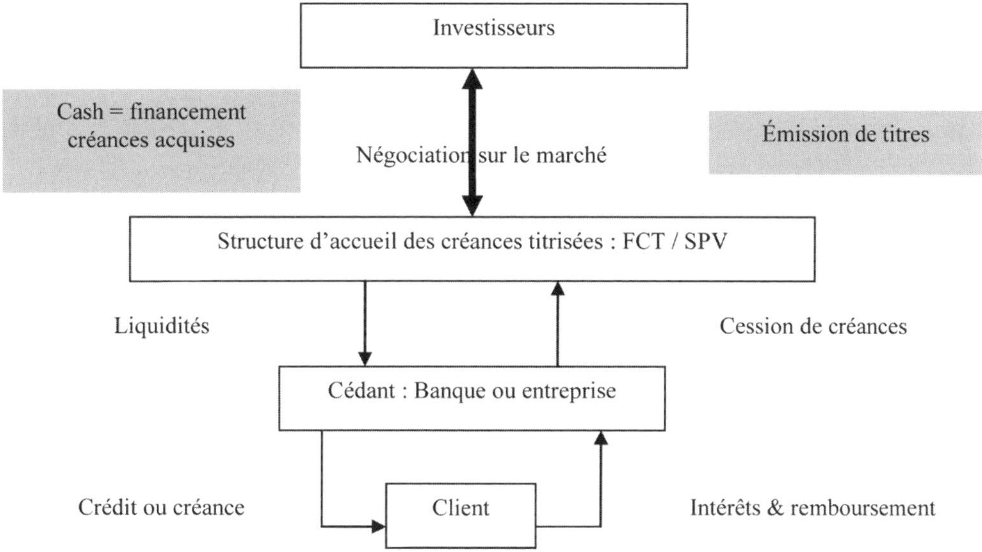


La structure d'accueil est donc créée pour recevoir les créances. Elle s'appelle ***FCT – Fonds commun de titrisation*** – en France ou SPV – ***Special Purpose Vehicle*** – chez les Anglo-Saxons.

Les fonds communs de titrisation financent l'achat des créances titrisées par l'émission de parts ayant le statut de valeurs mobilières cotées en bourse. Les *Special Purpose Vehicles* se financent, quant à eux, par l'émission de tous types de titres, papier commercial (billets de trésorerie, *euro commercial paper*) ou papier à plus long terme (*euro medium term notes*, euro-obligations...).

Plus que la titrisation en elle-même, ce sont ses dérives qui doivent être évitées. En effet, la titrisation est un instrument de bilan indispensable pour les banques à condition de rester sur la base de la titrisation primaire d'une part et de n'autoriser que la titrisation des créances saines, d'autre part.

Lorsqu'elle fut introduite en France en 1988, seules les créances saines pouvaient être titrisées. Si, en cours de vie, une créance devenait douteuse, celle-ci devait être remplacée dans le fonds de titrisation.

Mais au fil des innovations, les Américains, sous l'effet de la financiarisation et de la ***marchéisation***, ont fait évoluer leur législation au profit de titrisation de créances douteuses, voire de créance à naître. Ils ont pratiqué la « titrisation de titrisation », mettant en place ce qu'un cadre d'UBS a appelé « les poupées russes » avec des montages de produits structurés. Plus encore, ils ont créé des produits très particuliers que sont les CDS.

### ■ *La titrisation synthétique*

On appelle ***CDS – Credit Default Swaps*** –, un contrat conclu entre un acheteur de protection qui se couvre contre le défaut d'un émetteur d'obligation et un vendeur qui s'engage à rembourser l'acheteur en cas de défaillance dudit émetteur. Le prix du CDS prend en compte la probabilité de défaut de l'émetteur du sous-jacent et l'espérance du pourcentage de recouvrement à un horizon de temps donné. Warren Buffet a qualifié ces produits financiers d'armes de destruction massive et leur encours atteint 60 000 Mds $. La Fed avait très rapidement saisi l'enjeu de ces produits lorsqu'elle a décidé de sauver le premier assureur mondial AIG le 16 septembre 2008.

Mais ces produits se sont avérés plus nocifs encore lors de la crise des dettes souveraines européennes. Ces instruments permettent de spéculer sur la mort d'un émetteur, quand bien même cet émetteur n'est autre qu'un pays, la Grèce par exemple ou encore tout dernièrement l'Italie. En effet, le prix du CDS s'apprécie au fur et à mesure que le risque de faillite de l'émetteur s'avère. Certains spéculateurs vont en conséquence acheter ces produits pour en tirer une plus-value sans pour autant avoir les titres en portefeuille. Ils parient donc sur la faillite de l'émetteur. Les CDS achetés dans de telles circonstances sont appelés ***CDS à nu***. L'Europe a compris l'effet nocif de ce type de pratique. Le règlement du 24 mars 2012 du Parlement européen interdit la détention de CDS sans détention du sous-jacent souverain. Pour autant, si cette règle permet un certain optimisme quant à la volonté politique de réviser la ***gouvernance de la finance***, il convient de souligner d'une part que cette interdiction ne vaut que pour les transactions hors tenue de marché d'abord et que pour l'Union européenne ensuite.

## 2 Rétrospective rapide de la crise de 2008 et suite

### ■ *La crise financière* stricto sensu

Sans entrer dans le détail, il convient de retracer les dates et événements clés de la crise financière.

| Date | Événement |
|---|---|
| 2 avril 2007 | Première **faillite** d'une banque hypothécaire américaine New Century Financial. |
| 10 juillet 2007 | Les agences de rating dégradent par centaine des titres adossés aux *subprimes*. |
| 31 juillet 2007 | IKB (banque allemande spécialisée dans le financement des PME) doit faire face à des difficultés. **La crise arrive en Europe**. |
| 15 octobre 2007 | La banque britannique Northern Rock fait l'objet d'un *bank run* nécessitant une intervention de Bank of England. |
| 7 septembre 2008 | Les 2 agences gouvernementales de refinancement hypothécaire Fannie Mae et Freddie Mac sont mises sous tutelle de l'État américain. |
| 16 mars 2008 | J.-P. Morgan rachète Bear Stearns avec une aide exceptionnelle de la Fed (29 Mds $). |
| 15 septembre 2008 | **Lehman Brothers** est placée sous le chapitre 11 du régime des faillites. |
| 16 septembre 2008 | AIG bénéficie d'une aide exceptionnelle de la Fed de 85 Mds $ (quelques semaines plus tard, la Fed réinjectera 2 fois 35 Mds $). |
| 6 octobre 2008 | Le CAC 40 perd 9 %. |
| 8 octobre 2008 | Action concertée de 7 banques centrales pour abaisser leur taux directeur.<br>**La crise atteint son paroxysme.**<br>L'**Euribor** est à 5,39 %.<br>L'Islande nationalise 3 banques et obtient un prêt de 4 Mds € de la Russie. |
| 20 octobre 2008 | L'État français recapitalise les banques pour 10,5 Mds € (une 2e tranche de 10,5 Mds € sera accordée début 2009). |
| 11 décembre 2008 | Affaire Madoff. |
| 16 décembre 2008 | Le taux de la Fed est compris entre 0 et 0,25 %. |
| 7 mai 2009 | Le **taux directeur** de la BCE est à 1 %. |
| 2 juin 2009 | General Motors est placée sous le chapitre 11 de la loi sur les faillites. |

Peut-on alors conclure à l'issue de cette période que la crise financière est terminée ?

Si la crise bancaire l'est, la crise financière, quant à elle, a muté. Elle s'est transformée en une crise des dettes souveraines qui s'est révélée au départ être celle de la Grèce qui aura impacté les banques mais qui aura également été révélatrice d'autres difficultés dans d'autres pays.

La crise a transmuté, elle est ainsi passée d'une ***crise de l'endettement privé*** à une ***crise de l'endettement public*** que nous pouvons schématiser comme suit :

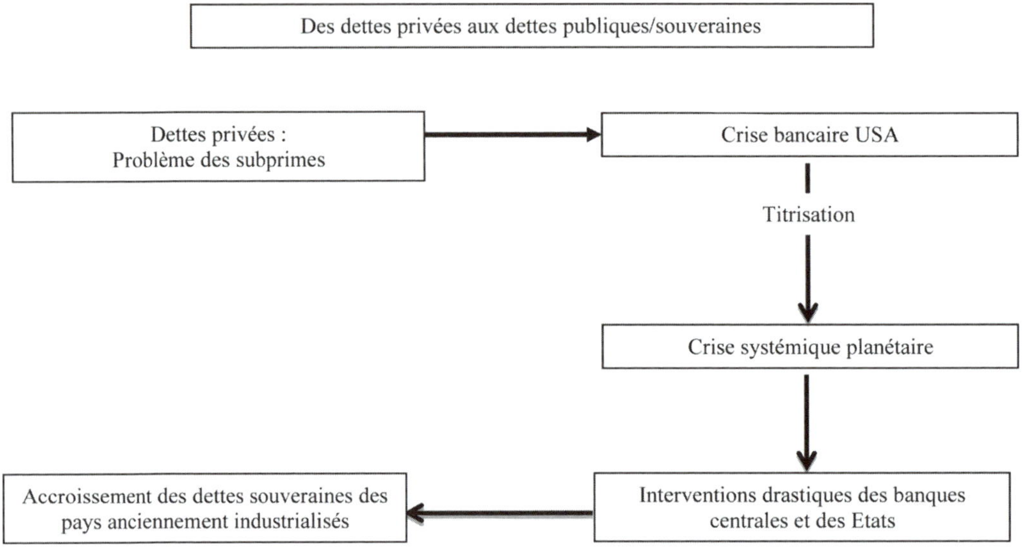


## La crise des dettes souveraines

La crise qui a démarré en avril 2007 avec la première faillite d'une banque hypothécaire américaine fut à l'origine d'une crise bancaire qui a, comme vu précédemment, provoqué une ***crise systémique*** planétaire, nécessitant des interventions drastiques des banques centrales et des États, amenant alors un accroissement des dettes souveraines des pays européens et nord-américains. Lesdites dettes atteignent alors des montants inédits en temps de paix. Au plus fort de la crise, la dette publique de la zone euro atteignait 90,6 % en 2012 ; fin 2019, elle est encore de 86,1 %.

Les principales étapes chronologiques de la crise des dettes souveraines sont les suivantes :

| Date | Événement |
|---|---|
| Mai 2010 | L'UE et le FMI s'engagent à prêter 110 Mds € à la Grèce en contrepartie d'un plan d'austérité.<br>Le **Fonds européen de stabilité financière** est créé. |
| Août 2011 | **Le 5 août : les USA perdent leur « AAA »**. |
| Septembre 2011 | Nouveau plan de rigueur en Italie. |
| Octobre 2011 | Accord de l'UE sur un 2e plan d'aide à la Grèce. |
| Décembre 2011 | 21 décembre : la BCE lance sa première opération principale de refinancement à plus long terme pour une durée de 3 ans à hauteur de 489 Mds €. |
| 13 janvier 2012 | **La France perd son « AAA »**. |
| 29 février 2012 | La BCE lance sa deuxième opération principale de refinancement à plus long terme pour une durée de 3 ans à hauteur de 529 Mds €. |
| 6 septembre 2012 | La BCE annonce un plan de rachat « illimité » sur les marchés de dette souveraine. |
| 18 décembre 2013 | Décision prise pour l'Union bancaire : fonds doté de 55 Mds € d'ici à 2026. |
| 4 septembre 2014 | Le Refi passe de 0,15 à 0,05 % ; le taux de dépôt passe de -0,10 à -0,20. |

## a) Une Grèce en sortie de crise (?)...

Le 24 avril 2010, la Grèce demande officiellement l'aide du FMI face à des chiffres falsifiés lorsqu'elle intégrait la zone euro. Trois plans d'aide ont alors suivi (110 Mds € accordés par le FMI et l'eurozone le 2 mai 2010, puis 130 Mds € le 21 février 2012, puis 85 Mds € le 27 novembre 2012).

Nonobstant, entre le 24 février et le 8 mars 2012, les créanciers privés ont été contraints d'effacer 107 Mds € de dettes sur un total détenu de 206 Mds €.

Progressivement, au fil des efforts et des économies, la santé financière de la Grèce a cessé de se dégrader et son rating a été relevé (de « défaut sélectif » au plus bas en 2012, à B+ en 2019).

Dès lors, après des années d'austérité, la Grèce semblerait être sur la voie de sortie.

Le 14 juin 2018, l'Europe, via le Mécanisme européen de sécurité, annonce débloquer le dernier milliard d'euros pour la Grèce (reliquat des 6,7 m Mds € de la dernière aide financière approuvée le 28 mars 2018).

Au total, la Grèce aura reçu 189 Mds € du FESF et du MES ; la dette publique représente encore en juin 2018, 178 % du PIB ; le taux de chômage est encore de 21,2 %.

En décembre 2018, la Grèce votait son budget. La *Tribune de Genève* reprend une phrase clé : « Après l'amélioration des chiffres macroéconomiques, la politique des finances publiques s'oriente graduellement vers le renforcement des revenus des ménages, le soutien de la croissance, la réduction des déficits chroniques de la protection sociale et les mesures pour parer au chômage des jeunes. »

Dans ledit budget, la dette publique est attendue à 335 Mds € (168 % du PIB, contre 176 % en 2018), consécutive aux 244 Mds € de prêts successifs accordés au pays depuis 2010.

Les autorités tablent sur une croissance de 2,5 % en 2019 (contre 2,1 % en 2018).

Et la Grèce s'est engagée sur un excédent budgétaire de 3,5 % du PIB à l'horizon de 2022.

Après trois plans d'aide sur 5 ans pour un total de 280 Mds$, la croissance retrouvée se consolide (1,5 % en 2017, 1,9 % en 2018, 2 % attendus en 2019, 2,8 % espérés en 2020), l'excédent primaire (hors intérêts) s'établit à 3,5 %.

Pour autant, le taux de chômage reste encore élevé à 19,3 % (contre certes 28 % au plus fort de la crise), les créances douteuses représentent encore 1/3 du bilan des banques ; mais surtout, la dette publique est de 193 % (avec des remboursements repoussés jusqu'en 2060 !!!) et la dette des ménages s'affiche à 105,6 % du PIB début 2020, selon les statistiques de l'OCDE.

### b) ... une Italie qui s'enfonce à nouveau dans la crise

L'Italie, quant à elle, (re)plonge dans la crise. En 2018, l'Union européenne rejetait son budget. Le PIB stagne (65 % par rapport à 2007) ; des créances douteuses pèsent sur la stabilité des banques (10 % de l'encours des créances totales) ; des achats de titres souverains par les banques – suite au désintérêt des investisseurs internationaux – plombent leur bilan ; un deuxième semestre 2018 au cours duquel l'Italie entre en récession ; un service de la dette qui coûte 65 Mds € à l'État, pour une dette publique de 130 Mds €, sont autant de signes qui pèsent sur l'avenir économique de l'Italie et avec elle de l'Union européenne. En 2019, la dette publique italienne atteint 147,3 % du PIB, celle des ménages équivaut à 86,8 %.

Globalement l'Italie n'est pas l'unique problème

### c) ... une dette globale mondiale qui ne cesse d'augmenter

Toutes les instances, organismes supranationaux, cabinets de consulting, etc. s'alarment depuis quelques années de l'augmentation régulière de l'endettement mondial. Dans un rapport de 2017, McKinsey faisait état d'une dette mondiale de 97 000 Mds $ en 2007, passée à

199 000 Mds $ (286 % du PIB mondial) dix ans plus tard. La dette des économies en développement participait de moitié à cette hausse. À titre d'exemple, la dette chinoise équivalait à 282 % du PIB, ayant été multipliée par 4 en dix ans et dépassant alors celle des USA.

En 2019, l'*Institute of International Finance* établissait le montant total de la dette mondiale à 250 000 Mds $, soit 320 % du PIB mondial.

## 3 Les banques centrales pendant les crises : les politiques monétaires non conventionnelles

### ■ *Les États et la Covid-19*

La crise sanitaire mondiale et le confinement de 4 milliards d'hommes dans le monde ont conduit les États et les gouvernements à intervenir de façon drastique sur le plan budgétaire afin de limiter la récession mondiale, voire la dépression.

Le 23 mars 2020, les États européens décidaient d'activer la clause dérogatoire générale du pacte de stabilité et de croissance jusqu'à fin 2020. Ceci revient à supprimer temporairement les règles des 3 % (le déficit public est limité à 3 % du PIB de chaque pays) et des 60 % (la dette publique ne peut excéder 60 % du PIB) afin de permettre aux États d'injecter de l'argent dans leur économie.

Globalement, les États ont proposé trois types d'actions : des financements à destination des systèmes de santé (matériel et ressources humaines, recherche), un soutien financier aux entreprises (report de charges, garantie des prêts...) et une aide financière aux ménages. L'Allemagne a ainsi prévu un plan de 123 Mds € (3 % du PIB) auquel on ajoute 882 Mds € de garantie de prêts ; la France propose 45 Mds € (1,9 % du PIB) et 300 Mds € de garantie.

Les États-Unis ont annoncé un plan global de 2 000 Mds $.

Le Japon a plus tardivement (le 7 avril 2020) lancé le plus grand plan de soutien à l'économie de son histoire : 108 000 Mds yens (contre 56 700 Mds en 2008) sont prévus dans le cadre de ce plan d'envergure, équivalents à 920 Mds €, soit 20 % du PIB ?

Face à cette crise, les pays du G20 auront mobilisé, en avril 2020, environ 5 000 Mds $, émanant tant des États que des banques centrales.

Aussi dès le début des crises – financière, dettes souveraines ou sanitaire – les banques centrales auront joué leur rôle ; elles ont injecté des liquidités pour toutes, baissé rapidement leurs taux et innové pour certaines, voire joué leur rôle de prêteur en dernier ressort pour des établissements qu'elles n'avaient pas à sauver, tel AIG aux États-Unis pendant la crise financière ; la même Fed s'est également déclarée comme prêteur en dernier ressort de l'économie mondiale au cours de la pandémie.

## Les banques centrales : des montants et des opérations inédits en 2008

Certains ont parlé du démarrage de la crise des *subprimes* en août 2007 parce que BNP-P avait gelé deux fonds d'investissement mais surtout parce que le 9 août 2007, la BCE ***injectait*** 94,8 Mds € en une journée (montant inédit à l'époque car le 11 septembre 2011, elle n'avait injecté que 69,3 Mds €). Ce ne fut là que le démarrage d'injections successives.

La Fed, quant à elle, a très vite baissé ses ***taux directeurs*** en même temps qu'elle injectait des liquidités mais pour des montants moindres qu'en Europe. Elle a ensuite utilisé de nouveaux instruments : les TAF (*Term Auction Facilities* – adjudications de fonds en échange d'une prise en pension temporaire (1 ou 3 mois) d'une gamme élargie de collatéraux), les TSLF (*Term Securities Lending Facilities* – prêts de titres d'État sur un mois contre des collatéraux élargis tels les créances hypothécaires de bonne qualité), les PDCF (*Primary Dealer Credit Facilities* – financements à 24 H proposés aux banques d'investissement en échange de titres divers).

En mars 2008, la même Fed prêtait 30 Mds $ à J.-P. Morgan Chase pour qu'elle rachète Bear Stearns, permettant à cette dernière l'accès au guichet d'escompte de la banque centrale, depuis ouvert aux banques d'affaires alors que la Fed n'accordait historiquement de liquidités qu'aux banques commerciales.

En septembre 2008, le Trésor américain mettait en vente des bons du Trésor (*cash management bills*) pour 40 Mds $ afin d'assister la Fed dans sa gestion de bilan en finançant une partie des aides de la banque centrale envers le système bancaire. En parallèle, les deux agences privées de refinancement hypothécaire Fannie Mae et Freddie Mac étaient mises sous tutelle de l'État, le Trésor rachetant leurs titres en bourse.

Le 16 septembre 2008, la Fed accordait un prêt de 85 Mds $ à la compagnie d'assurances AIG pour une durée de 2 ans au taux Libor + 8,5 %. En échange de quoi, l'État américain entrait au capital de l'assureur pour 80 % et garantissait ses actifs évalués à 1 050 Mds $ à l'époque.

Cette opération d'envergure et inédite de sauvetage d'une compagnie d'assurances par la Banque centrale a eu lieu le lendemain du fameux ***15 septembre 2008***, jour où Lehman Brothers était placé sous le régime des faillites, montrant peut-être la fin de l'***aléa moral***.

Malgré leurs interventions, pourtant accompagnées d'intervention des États (recapitalisation des banques – deux fois 10,5 Mds € pour la France), rachat des actifs toxiques (Sareb en Espagne ou Nama en Irlande...), garantie des dépôts pour limiter le risque de *bank run* ou garantie des prêts sur le marché interbancaire pour éviter son assèchement lié à la défiance généralisée, les banques centrales ont usé d'autres armes qui ont été appelées ***politiques monétaires non conventionnelles***.

## ■ *Les politiques monétaires non conventionnelles*

Début 2009, la Bank of Japan se portait acquéreur d'emprunts d'État, de Commercial Paper et d'obligations *corporate* pour un total de 25,6 billions ¥, représentant 5 % du PIB. La Banque Nationale Suisse décidait d'acheter des obligations *corporate* libellées en CHF et d'intervenir sur le marché des changes pour acheter des devises financées par la création monétaire, c'est-à-dire sans ***stérilisation***, pour limiter l'appréciation du CHF contre €. Puis la Bank of England annonçait acheter des obligations d'État, les Gilts, à hauteur de 75 Mds £ sur 3 mois, avec un total envisagé de 150 Mds £.

La Fed annonçait le 18 mars 2009 une panoplie de mesures non conventionnelles en s'engageant à acheter jusqu'à 300 Mds $ de bons du Trésor sur 6 mois afin de faire baisser les taux et inciter ainsi les banques à diminuer le coût du crédit ; elle décidait également d'acheter des *Mortgage Backed Securities* adossées aux agences Fannie et Freddie à hauteur de 750 Mds $ (contre 500 jusqu'alors) et des obligations desdites agences pour 200 Mds $ (contre 100 auparavant). Ce fut le ***Quantitative Easing 1***.

Le 7 mai 2009, la BCE baissait son taux REFI à 1 %, et annonçait que ses opérations de refinancement à plus long terme, dont la procédure d'appel d'offres à taux fixe est maintenue et pour lesquelles les soumissions sont toujours servies intégralement, passent à une maturité d'un an (contre 6 mois depuis 2008 et 3 mois avant la crise). Le 25 juin 2009, la BCE allouait 442 Mds € selon cette procédure qui sera renouvelée en septembre et décembre suivants. En parallèle, elle continuait, comme depuis le début de la crise, à servir l'intégralité des demandes des banques, pensant que l'approvisionnement en liquidités reste la condition de reprise du crédit. Ce rallongement de la durée des prêts n'entre pas *stricto sensu* dans les politiques non conventionnelles mais les banques centrales prêtent traditionnellement à très court terme (3 mois maximum). Elle a décidé d'acheter sur le marché secondaire (pour être conforme au Traité de Maastricht) des *covered bonds* pour un total de 60 Mds €, soit 5 % du marché, afin de faire pression à la baisse des taux d'intérêt à long terme. Enfin, elle a admis la BEI – Banque Européenne d'Investissement – comme contrepartie.

Les ***politiques monétaires non conventionnelles*** sont devenues indispensables car la baisse des taux a atteint ses limites et les canaux de transmission classiques ne fonctionnent plus.

Celles-ci ont trois objectifs :

- augmenter la quantité de monnaie en circulation, c'est la planche à billets ou ***quantitative easing*** pour relancer la demande ;
- agir sur la courbe de taux pour faire baisser les taux longs (et donc le coût de financement des agents financiers, notamment, pour les inciter aux prêts) qui affichent une pression à la hausse compte tenu des lourds programmes d'émission de titres souverains et de l'aversion aux risques

des investisseurs ; une telle action permet également aux banques centrales de s'engager sur l'évolution future de leurs taux directeurs pour orienter favorablement les anticipations ;
- relancer le marché du crédit en achetant des titres de taux pour influer sur les primes de risque ; c'est le ***credit easing*** ou assouplissement des conditions de crédit.

## ■ *La poursuite de ces politiques*

La Fed aura procédé à trois *quantitative easing* :
- QE 1 : en mars 2009, elle annonce, comme vu plus haut, ses achats non stérilisés pour 200 Mds $ de Government sponsored-bonds émises par Freddie Mac et Fannie Mae, 750 Mds $ de titres hypothécaires (MBS – *Mortgage Backed Securities*), et 300 Mds $ de titres d'États ;
- QE 2 : en novembre 2010, elle annonce acheter 600 Mds $ de bons du Trésor ;
- QE 3 : en septembre 2012, elle déclare vouloir acheter pour 40 Mds $ par mois de bons du Trésor, montant passé à 85 en fin d'année.

Entre-temps, elle aura mis au point une opération nommée ***Twist*** qui consiste à échanger des titres d'État détenus par d'autres titres d'État mais de maturité plus longue, entre 6 et 30 ans, pour 400 Mds $.

La BCE a très rapidement augmenté la durée de ses opérations de refinancement à plus long terme ; avant même qu'on ne généralise la notion de politique non conventionnelle, la BCE allongeait la durée de 3 à 6 mois puis à un an et enfin à 3 ans.

À partir de mai 2010, la BCE lançait le ***SMP – Securities Markets Program*** : les banques centrales nationales de la zone euro étaient autorisées à acheter des titres de dettes publiques (et de dettes privées) sur le marché secondaire.

En décembre 2011 et en février 2012, elle injectait respectivement 489 Mds € et 529 Mds € au titre des opérations principales à plus long terme (***LTRO – Long Term Refinancing Operation***) sur une durée de trois ans, avec remboursement anticipé, au gré des banques, possible au bout d'un an. Au total, 523 banques en décembre, et 800 banques en février se sont présentées au guichet de la BCE. Début 2013, ces banques commençaient à rembourser ces prêts. À fin juillet 2013, le montant remboursé s'élevait à 311 Mds €.

En septembre 2012, elle lançait l'***OMT – Outright Monetary Transaction*** : elle achète aux banques, donc sur le marché secondaire, des obligations souveraines émises par les États en difficulté. Très vite, elle s'est engagée à racheter ces titres pour un montant et une durée illimités.

En parallèle, elle baissait son taux REFI à 0,75 % le 5 juillet 2012, à 0,5 % le 2 mai 2013, à 0,25 % le 7 novembre 2013 ; en 2014, les décisions à la baisse du REFI continuaient : le 11 juin, il passait à

0,15 % ; le 4 septembre à 0,05 % Nous verrons ci-après le lancement des ***TLTRO*** – ***Targeted Longer-Term Refinancing Operations***.

## ■ *Une divergence : la fin du QE aux USA, des TLTRO en Europe...*

Le 19 juin 2013, lors du ***FOMC*** – ***Federal open market committee*** – de la Fed, B. Bernanke annonçait la diminution du rythme des achats de titres à partir de septembre 2013 pour un arrêt total prévu mi-2014 si la cible du taux de chômage de 7 % est atteinte. Dès janvier 2014, la Fed réduisait ses achats de titres toxiques et de titres du Trésor de 85 à 75 Mds $ ; en septembre ce montant de rachat était porté à 15 Mds $. Le 29 octobre 2014, J. Yellen indiquait que le *quantitative easing* était abandonné avec effet en janvier 2015. En 2014, la Bank of Japan décidait d'accroître son bilan de 60 000 à 80 000 Mds ¥, cette hausse équivaut à 16 % du PIB. Son objectif était d'assécher le marché obligataire en rachetant des obligations d'État afin que les banques commerciales ne mobilisent plus leurs ressources à ces achats de titres mais les destinent davantage au financement de l'économie réelle.

En Europe, la BCE annonçait le 5 juin 2014 des mesures complémentaires pour améliorer la transmission de la politique monétaire à l'économie réelle ; à cette fin, elle a décidé de « conduire, sur une période de deux ans, une série d'opérations ciblées de refinancement à plus long terme (TLTRO) visant à renforcer l'activité de prêts bancaires au secteur privé non financier de la zone euro, à l'exclusion des prêts au logement, et d'accélérer les travaux préparatoires relatifs aux achats fermes de titres adossés à des actifs ».

Il était prévu que les contreparties pouvaient recevoir une facilité appelée TLTRO de 7 % des encours des prêts au secteur privé (hors prêts immobiliers) ; deux TLTRO étaient programmées en septembre et décembre 2014. Puis entre mars 2015 et juin 2016, « les contreparties pourront emprunter des montants supplémentaires à travers une série de TLTRO effectuées trimestriellement. Ces montants supplémentaires pourront, au total, atteindre au maximum trois fois l'encours de prêts nets de chaque contrepartie consentis entre le 30 avril 2014 et la date de référence respective de l'adjudication au secteur privé non financier de la zone euro, au-delà d'une valeur de référence définie. Cette valeur de référence sera déterminée en fonction de l'encours de prêts nets de chaque contrepartie au secteur privé non financier de la zone euro, à l'exclusion des prêts au logement, comptabilisé sur la période de douze mois allant jusqu'au 30 avril 2014 » (source : BCE).

Les TLTRO arriveront à échéance en septembre 2018 et le taux pratiqué sera fixe sur la durée de chaque opération, correspondant au REFI + 10 points de base. Les prêts accordés sont remboursables au bout de 24 mois. En cas d'encours de prêts accordés par les banques inférieurs à l'encours prévu, les banques concernées devront rembourser en septembre 2016.

Lors de la première TLTRO, 255 banques avaient sollicité la BCE qui avait alloué, le 18 septembre 2015, 82,6 Mds €.

Lors de la deuxième TLTRO, le 24 juin 2016, 514 banques se sont présentées pour emprunter 400 Mds €, montant inférieur aux prévisions démontrant que les banques n'ont pas besoin de liquidité et ce d'autant plus que cette somme est à relativiser. En effet, la majorité du montant a servi à renégocier la première TLTRO. En net, 31 Mds € seulement sont sortis des caisses de la BCE. Le prêt a une durée de 4 ans à un taux négatif pour les banques qui augmenteront leurs prêts à la clientèle de plus de 2,5 % des encours sur 2 ans.

En parallèle de ces opérations, la BCE continuait sa politique de baisse des taux directeurs. Le 3 décembre 2015, la BCE annonçait laisser son taux Refi à 0,05 % mais ramenait le taux de facilité de dépôts à -0,30 % contre -0,20 %.

Le 10 mars 2016, elle annonçait :

– abaisser son taux de refinancement à 0,00 %, contre 0,05 % ;
– réduire le taux de facilité de crédit à 0,25 %, contre 0,30 % ;
– réduire le taux de dépôts à -0,40 %, contre -0,30 %.

Au-delà de ce taux Refi à 0 % qui démontre de lui-même l'ineptie des politiques monétaires face à cette crise qui persiste, la BCE a décidé d'augmenter ses rachats d'actifs pour les mettre à 80 Mds € et ***étendre cette politique aux obligations d'entreprises non bancaires***.

Le 8 juin 2016, de façon inédite, la BCE lançait donc son programme de rachat d'obligation *corporate*, des titres de dettes d'entreprises non bancaires notés jusqu'à BBB (donc ce qu'on appelle des *investment grade*). L'objectif est la réduction des coûts de financement par les marchés obligataires. La BCE pourrait *in fine* racheter entre 10 et 15 % de la dette d'entreprise. L'objectif de cette politique est d'inciter les entreprises à investir (plutôt que d'utiliser les obligations émises pour rembourser d'anciens crédits).

*In fine*, ces différentes actions de politiques monétaires, conventionnelle ou non, ont pour objet d'inciter les banques à prêter et les entreprises à investir sur le plan microéconomique, mais également, et surtout, à faire revenir l'inflation pour relancer la croissance (et la confiance) !

### État récapitulatif et chronologique des opérations de politique monétaire depuis 2014

| | |
|---|---|
| **5 juin 2014** | Refi = 0,15 %<br>Facilité de dépôt = -0,10 %<br>Mise en place des TLTRO |
| **4 septembre 2014** | Refi = 0,05 %<br>Facilité de prêt marginal = 0,30 %<br>Facilité de dépôt = -0,20 % |
| **2 octobre 2016** | Nouveaux programmes d'achat de titres adossés à des actifs (ABSPP – *Asset-Backed Securities Purchase Programme*) et d'obligations sécurisées (CBPP3 – *Covered Bonds Purchusing Programmes**) |
| **22 janvier 2015** | Nouveau programme d'achat d'actifs étendu (APP – *Asset Purchase Programme*) comprenant :<br>– des obligations émises par les administrations centrales, les agences et les institutions européennes de la zone euro,<br>– des titres adossés à des actifs,<br>– des obligations sécurisées.<br>Les achats d'actifs cumulés s'élèveront à 60 Mds € par mois jusqu'en septembre 2016. |
| **3 décembre 2015** | Extension du programme d'achats jusqu'à fin mars 2017<br>Réinvestissement des remboursements au titre du principal sur les titres acquis en vertu du programme APP à leur échéance.<br>Facilité de dépôt = -0,30 % |
| **10 mars 2016** | **Refi = 0,00 %**<br>Facilité de prêt marginal = 0,25 %<br>Facilité de dépôt = -0,40 %<br>Achats mensuels au titre du programme d'actifs portés à 80 Mds €<br>Nouvelle série de 4 TLTR, toutes de 4 ans, à un taux compris entre -0,40 % et 0 %<br>Obligations des sociétés non financières (*investment grade*) intégrés dans l'univers des titres achetables. |

*obligation sécurisée, instrument émis par un établissement financier adossé à des prêts immobiliers ou commerciaux (cover poll).
Source : Bulletin de la Banque de France, juin 2016.

Le 27 juin 2017, Mario Draghi, gouverneur de la BCE, déclarait : « Au fur et à mesure que l'économie continuera de se redresser, une politique (monétaire) constante offrira davantage de soutien, et la banque centrale pourra accompagner la reprise en ajustant les paramètres de ses instruments de politique, non pas pour durcir sa politique, mais pour la maintenir globalement inchangée. »

Dix jours plus tôt, la BCE laissait ses taux inchangés et la politique de rachat d'actifs (2 300 milliards d'euros) était maintenue à 60 milliards par mois, avec possibilité de prolongation, voire d'amplification si les perspectives économiques européennes venaient à s'assombrir.

Mais le 14 juin 2018, la BCE annonçait mettre fin à sa politique monétaire expansionniste.

Elle réduit ses rachats de dettes de 30 Mds € à 15 Mds € à partir d'octobre 2018 et cesse tout rachat fin 2018. Mais son bilan est de 4 540 Mds € en avril 2018 ! En parallèle, elle décide cependant de laisser ses taux directeurs identiques.

Le 13 décembre 2018, la BCE annonçait mettre fin à ses rachats de titres ; la politique du *quantitative easing* par ces rachats aura atteint 2 600 Mds € en trois ans !

Mais en mars 2019, elle annonçait toutefois qu'elle repoussait la remontée de ses taux directeurs à 2020 et qu'elle lancerait une troisième TLTRO en septembre 2019.

Chose faite en septembre 2019 en effet, une troisième TLTRO est relancée aux durées de 2 à 3 ans (contre 4 ans auparavant).

Le 18 septembre 2019, le taux de dépôt s'enfonçait dans le négatif à -0,50 % tandis que le Refi restait à 0 % et le taux de facilité à 0,25 %.

Face à cela, afin de limiter le surcoût induit par les taux négatifs pour les banques, la BCE a mis en place un système à palier pour la rémunération des excédents de liquidité, technique appelée « ***tiering*** » : l'excédent de liquidités des banques, c'est-à-dire les avoirs en réserve en plus des réserves obligatoires, n'est pas soumis au taux négatif de la facilité de dépôt, depuis novembre 2019. Ceci signifie que les taux pratiqués sont de -0,50 % pour les liquidités rendues en dessous de l'excédent et 0 % au-dessus. Il s'agit donc d'un taux modulable.

## ■ ... une convergence face à la Covid-19

Eu égard à l'urgence absolue de limiter l'impact de la crise sanitaire sur les économies, les banques ont très vite réagi en mettant en place un dispositif drastique au service des banques et des entreprises.

En effet, cinq phénomènes conjoints pèsent sur les économies et banques : la production, le dysfonctionnement des chaînes d'approvisionnement, la main-d'œuvre confinée, la demande et bien évidemment le financement. Les marchés boursiers l'ont compris, le 12 mars, la bourse de Paris perdait 12 %, chute inédite. Le 8 avril 2020, selon le point de conjoncture de la Banque de France, la France enregistre une baisse de 6 % de son PIB. Elle entre alors en phase de récession, ayant enregistré une baisse de 0,1 % au quatrième trimestre 2019. Très vite, les banques centrales agissent :

- le 15 mars 2020, la Fed ramène son taux directeur à 0 % – 0,25 % (contre 0,75 % – 1 %) et (re)lance un programme de rachat de créances publiques pour un total de 700 Mds $ (dont 500 Mds $ de titres du Trésor à moyen et long termes et 200 Mds $ d'obligations gagées sur des prêts immobiliers et garanties par le Trésor) ;
- dès le 16 mars 2020, la BCE actionne son instrument TLTRO, qu'elle décide en outre de faire repartir le 24 juin pour permettre aux banques de se refinancer auprès d'elle au taux de – 0,75 %. En parallèle elle élargit la panoplie des titres apportés pour la collatéralisation en acceptant notamment des titres de PME ;
- le 17 mars 2020, la Fed met en place un programme spécial nommé *Commercial paper funding facility* pour soutenir les prêts aux ménages et entreprises ;
- le 19 mars 2020, la Fed met en place des accords de swaps, à l'instar de ce qui avait été fait en 2008, avec 9 banques centrales (Australie, Brésil, Mexique, Norvège, Nouvelle Zélande, Singapour et Suède), accords pour 6 mois pour des montants compris entre 30 et 60 Mds $. Notons qu'entre le 19 mars et le 1er avril, des accords ont été conclus pour un total de 350 Mds $ ;
- le même jour (19 mars), la BCE lance un programme d'achat d'obligations pour 750 Mds €. Ce programme, appelé PEPP (***Pandemic Emergency Purchase Programme***), a pour objet de « réduire la fragmentation financière » en Europe. Il arrive en soutien aux États qui, de facto, pourront accroître leur déficit sans avoir à gérer les taux d'intérêt. Enfin, jusqu'à la fin 2020, la BCE s'accorde la possibilité d'acheter jusqu'à 120 Mds € de dettes, y compris grecques, jusque-là exclues de son champ d'intervention, et s'autorise à acheter des dettes d'entreprises via le marché des billets de trésorerie ;
- le 31 mars 2020, la Fed crée les FIMA Repo Facilities (*Repurchase Agreement Facility for Foreign and International Authorities*) : les autorités monétaires étrangères qui ont un compte à la Fed peuvent échanger des T-Bills (Bons du Trésor américain) contre du dollar. Cette procédure est mise en place à compter du 6 avril pour 6 mois, le taux pratiqué est de 25 points de base supérieur à celui des réserves excédentaires ;
- le 30 avril, la BCE annonce de nouvelles opérations de refinancement à plus long terme (PELTRO – *Pandemic Emergency Long-Term Refinancing Operation*) pour soutenir la liquidité du système.

Nous reprenons ci-dessous les opérations effectuées par la BCE depuis le premier confinement de mars 2020 :

### Opérations de refinancement en €

| Date de valeur | Type d'opération | Montant alloué (M €) | Échéance |
|---|---|---:|---|
| 25 mars 2020 | TLTRO III | 114 979 | 29 mars 2023 |
| 21 mai 2020 | PELTRO | 851 | 30 septembre 2021 |
| 24 juin 2020 | TLTRO III | 1 308 433 | 28 juin 2023 |
| 24 juin 2020 | PELTRO | 15 611 | 30 septembre 2021 |
| 6 août 2020 | PELTRO | 5 884 | 30 septembre 2021 |
| 3 septembre 2020 | PELTRO | 794 | 26 août 2021 |
| 30 septembre 2020 | TLTRO III | 174 464 | 27 septembre 2023 |
| 8 octobre 2020 | PELTRO | 1 008 | 26 août 2021 |
| 5 novembre 2020 | PELTRO | 747 | 29 juillet 2021 |
| 3 décembre 2020 | PELTRO | 1 881 | 29 juillet 2021 |
| 16 décembre 2020 | TLTRO III | 50 414 | 20 décembre 2023 |
| 6 janvier 2021 | MRO (1) | 180 | 13 janvier 2021 |
| 13 janvier 2021 | MRO | 521 | 20 janvier 2021 |
| 20 janvier 2021 | MRO | 234 | 27 janvier 2021 |
| 27 janvier 2021 | MRO | 236 | 3 février 2021 |
| 28 janvier 2021 | LTRO (2) | 6 | 29 avril 2021 |
| 3 février 2021 | MRO | 157 | 10 février 2021 |
| 10 février 2021 | MRO | 427 | 17 février 2021 |
| 17 février 2021 | MRO | 459 | 24 février 2021 |
| 24 février 2021 | MRO | 622 | 3 mars 2021 |
| 25 février 2021 | LTRO | 30 | 27 mai 2021 |
| 3 mars 2021 | MRO | 502 | 10 mars 2021 |

| | | | |
|---|---|---|---|
| 10 mars 2021 | MRO | 692 | 17 mars 2021 |
| 17 mars 2021 | MRO | 609 | 24 mars 2021 |
| 24 mars 2021 | MRO | 271 | 31 mars 2021 |
| 24 mars 2021 | TLTRO III (3) | 330 501 | 27 mars 2024 |
| 25 mars 2021 | LTRO 12 mois | 421 | 31 mars 2022 |
| 31 mars 2021 | MRO | 461 | 7 avril 2021 |
| 1er avril 2021 | LTRO | 93 | 1er juillet 2021 |
| 7 avril 2021 | MRO | 190 | 14 avril 2021 |
| 14 avril 2021 | MRO | 137 | 21 avril 2021 |
| 21 avril 2021 | MRO | 126 | 28 avril 2021 |

(1) MRO : *Main Refinancing Opération* (opération principale de refinancement).
(2) LTRO : *Long Term Refinancing Operation* (opération de refinancement à plus long terme).
(3) TLTRO : *Targeted Longer-Term Refinancing Operation* (operation de refinancement à plus long terme ciblée).
Source : Banque de France

## Chapitre 6

# Une révision du business model des banques

*La crise financière de 2007 demande une révision du business model des banques. Faut-il séparer les activités ou supprimer les activités pour compte propre ? Quoiqu'il arrive, la contribution des trois grands métiers n'est plus la même pour les banques et la finance doit être remise au service de l'économie.*

## 1 Les différentes activités bancaires

### ■ *Les trois grandes activités*

Pour E. Lamarque, la typologie des métiers bancaires est la suivante :

**Typologie des métiers bancaires**

| Banque commerciale | Banque d'investissement |
| --- | --- |
| La banque des particuliers<br>– *Collecte*<br>– *Crédits*<br>– *Services* | 1. La banque d'affaires<br>– **Les interventions en fonds propres**<br>*Prises de participations*<br>*Capital-investissement*<br>– **Ingénierie financière**<br>*Conseil en F & A*<br>*Financements structurés*<br>*Montage d'émissions de titres* |

| | |
|---|---|
| **La banque des PME et professionnels**<br>– *Financements*<br>– *Moyen de paiement et trésorerie*<br>– *Services spécialisés*<br>– *Crédit-bail* | 2. La banque financière<br>– **La gestion mobilière**<br>*Gestion privée*<br>*Gestion collective*<br>*Gestion de l'épargne salariale*<br>*Gestion institutionnelle*<br>– **Intervenant sur marché**<br>*Intermédiation boursière*<br>*Commercial sur marché et dérivés*<br>– **Conservation** |
| **Les produits d'assurance**<br>– *Vie*<br>– *Prévoyance*<br>– *Dommage* | |

Source : Lamarque E. (1996), Congrès AIMS.

Une autre distinction est plus généralement faite entre banque de détail, banque de financement et d'investissement et gestion d'actifs :

– on entend par banque de détail, dite également banque de réseau ou banque commerciale ou *Retail Banking*, les activités qui regroupent les opérations bancaires courantes à destination des particuliers et de la clientèle des professionnels (professions libérales, commerçants et petites entreprises). Cette activité comprend essentiellement la collecte des dépôts et l'accord de crédits, c'est donc le métier de l'intermédiation bancaire ;
– on entend par banque de financement et d'investissement les activités d'intermédiation et les activités dites de haut de bilan et de conseil pour les très grandes entreprises mais également les activités de marchés de capitaux. Il est parfois fait la distinction entre banque d'investissement (activités de marché) et banque d'affaires (activité de financement *Corporate*, État, collectivité) ; chez les Anglo-Saxons, on parle de CIB – *Corporate and Investment Bank* ;
– on entend par gestion d'actifs, la gestion de portefeuille pour compte de tiers au travers de véhicules tels les fonds d'investissement ou organismes de placement collectif.

Ces trois principales activités donnent à des métiers différents présentés ci-après.

## ■ *Les métiers*

Si l'on reprend cette distinction des activités bancaires, les métiers ressortent comme dans le tableau ci-après. Pour autant, ces activités bancaires *stricto sensu*, banque de détail, banque de financement et d'investissement et gestion d'actifs, ne peuvent être menées à bien qu'à la condition qu'il existe les métiers qualifiés de support.

| FORCE DE VENTE | |
| --- | --- |
| BANQUE DE RÉSEAU<br>– Chargé de clientèle particuliers<br>– Chargé de clientèle professionnels<br>– Responsable/animateur d'unité commerciale | BANQUE DE FINANCEMENT ET D'INVESTISSEMENT<br>– Chargé de clientèle entreprise<br>– Opérateur de marché<br>– Concepteur et conseiller en opérations et produits financiers |
| GESTION D'ACTIFS<br>– Conseiller en patrimoine | |
| **MÉTIERS DES TRAITEMENTS** | |
| – Gestionnaire/spécialiste du back-office<br>– Responsable/animateur d'unité de traitements bancaires<br>– Responsable informatique/organisation/qualité<br>– Informaticien/chargé de qualité | |
| **FONCTIONS SUPPORT** | |
| – Analyste risque<br>– Contrôleur périodique/permanent<br>– Gestionnaire administratif/secrétaire<br>– Juriste/fiscaliste<br>– Contrôleur de gestion<br>– Responsable/animateur d'unité ou expert logistique<br>– Technicien logistique/immobilier<br>– Technicien comptabilité/finances<br>– Spécialiste/responsable comptabilité/finances<br>– Technicien ressources humaines<br>– Spécialiste/responsable ressources humaines<br>– Gestionnaire marketing/communication<br>– Spécialiste/responsable marketing/communication | |

Nous reprenons ci-après les principaux métiers pour en décrire les caractéristiques principales données par le Guide des métiers publié sur le site de la Fédération bancaire française.

## a) Métiers de la banque de réseau : exemples

Le *chargé de clientèle particulier* a pour mission de suivre quotidiennement ses clients quant aux changements qui peuvent éventuellement modifier leur profil financier et économique et prospecte de nouveaux clients à qui il doit proposer tous les produits répondant à leurs attentes. Il a donc un rôle commercial mais également d'expert. Il est en général rattaché au responsable d'agence.

Le ***chargé de clientèle professionnel*** conseille et développe un portefeuille de clients en proposant des services *ad hoc*, après étude des entreprises concernées : facilité de caisse, crédits, assurances pour, finalement, signer une convention avec eux.

Le ***responsable d'agence*** gère toute l'offre de proximité du métier d'intermédiation : produits d'épargne, crédits et moyens de paiement. Il met en œuvre la stratégie commerciale de sa banque, pilote les actions commerciales locales et travaille les capacités d'accueil de son agence. S'il gère en direct des clients, ce sont les clients à fort potentiel. Au-delà de ce rôle commercial, il a sous sa responsabilité le compte d'exploitation et la rentabilité de son agence. Aussi doit-il gérer les risques (financiers et/ou administratifs) et assurer en permanence une qualité de service. Enfin, il gère son personnel.

Le ***conseiller en patrimoine*** prospecte puis fidélise ses clients comme le chargé de clientèle. Après étude du patrimoine du client, il l'assiste dans sa stratégie de placement. En conséquence, ses connaissances et compétences vont au-delà de la relation commerciale pour couvrir la fiscalité et l'environnement juridique.

### b) Métiers de la banque de financement et d'investissement

L'***analyste crédit grandes entreprises*** étudie les documents financiers des entreprises clientes (bilan, compte de résultat, etc.) sous l'angle du risque de crédit afin de mesurer leur solvabilité grâce à des ratios et à des études sectorielles et veille au respect des engagements de ces entreprises. Il contrôle par ailleurs l'évolution des risques liés aux encours de prêts, grâce notamment aux systèmes de surveillance et d'alerte élaborés par la banque.

Le ***banquier conseil*** a pour mission de détecter les opportunités d'affaires grâce à ses contacts avec lesquels il partage des réflexions stratégiques telles que les opérations de fusion-acquisition, *spin off* et autres opérations de restructurations capitalistiques.

Les originateurs, structureurs et syndicateurs, souvent considérés comme des techniciens de la finance, procèdent aux montages d'instruments financiers complexes permettant les appels publics à l'épargne des grandes entreprises appelées *corporate*. L'***originateur*** conseille les entreprises dans les émissions de valeurs mobilières ; le ***structureur*** intervient ensuite, après signature du contrat, pour procéder au montage financier ; le ***syndicateur*** évalue le prix du produit financier et le nombre d'acheteurs potentiels puis vend le produit sur les marchés de capitaux.

Le ***trader*** prend des positions, à l'achat et à la vente, sur les marchés de capitaux (financier, change, dérivés, monétaire), avec lesquels il est en connexion permanente. Il doit agir en conformité avec les objectifs et les limites qui lui sont fixées par sa direction générale. Aux côtés des traders, on trouve également des « ***sales traders*** » dont le rôle est de faire exécuter les ordres des clients aux meilleures conditions du marché et les ***analystes quantitatifs*** (appelés « quants ») qui analysent les comportements des instruments financiers *via* des modèles mathématiques.

### c) Métiers de l'*Asset management*

L'***Asset manager*** (gestionnaire d'actifs) est un collaborateur d'une filiale à qui les clients d'une banque confient leur épargne *via* des supports tels que les organismes de placement ou tout type de produit d'épargne collective. Ils font donc de la gestion pour compte de tiers.

Le ***conseiller en patrimoine*** développe et suit les relations commerciales avec les clients à patrimoine important. À cette fin, il analyse leur situation patrimoniale pour établir un diagnostic puis conseiller les clients en termes d'investissement et de placements.

### d) Métiers des traitements et fonctions supports : exemples

Le ***technicien des opérations bancaires*** gère les opérations non automatisées car trop complexes, telles que certains crédits, et contrôle les opérations automatisées (gestion des moyens de paiement par exemple).

Le ***collaborateur du back-office*** assure le suivi administratif et comptable des opérations de la salle des marchés, procède à l'appariement des transactions entre les acheteurs et les vendeurs, à la livraison des titres et règlement des espèces et gère les opérations sur titres ; le ***collaborateur du middle office***, se situant entre le *front* (salle des marchés) et le *back*, analyse les positions du front, met en place un suivi pour contrôler les risques et calcule les gains ou pertes du front.

L'***informaticien*** assure la gestion des flux des « usines de traitement », la sécurité des sites Internet des banques, s'il est affecté à la banque de réseau ; il assure l'automatisation des opérations s'il est affecté à la salle des marchés.

Le ***responsable de la conformité*** s'assure du respect de la réglementation édictée par les autorités de tutelle et des codes de bonne conduite de la profession. Assisté du ***responsable de la déontologie***, il vérifie que les procédures sont connues et appliquées.

Le ***juriste*** vérifie la conformité des produits et prestations de la banque avec le droit bancaire et financier, intervient avant la mise en vente de tout produit pour vérification de la bonne adéquation dudit produit et aide au règlement des contentieux.

Le ***contrôleur de gestion*** et le ***chef de produit*** ont globalement les mêmes rôles que dans les entreprises industrielles et commerciales.

## ■ *Les nouveaux métiers*

La digitalisation de l'économie et le développement de l'intelligence artificielle amènent les banques et les prestataires de services financiers à repenser totalement leur business model.

Notons que des éléments ont fait l'objet de développement plus haut (cf. Chapitre 1, § 2 et Chapitre 2, § 1).

Nous reprenons ci-après la distinction faite D. Cuny dans la *Tribune* du 7 avril 2017 :

– les Fintech B to C (*Business to Consumer*) orientées grand public ; ces entités sont 100 % digitales et sans agence telles celles évoquées plus haut (*morning* par exemple) ; on trouve également les cagnottes en ligne ou les robo-advisors proposant des prestations d'investissement automatisé ;
– les Fintech B to B (*Business to Business*) proposant des services financiers aux entreprises (ex. : Kantox pour des transferts de devises ou Finexkap pour de l'affacturage) ;
– les Fintech B to B to C (*Business to Business to Consumer*), telles que les plateformes de crowd-funding qui mettent en relations des créateurs d'entreprises et des particuliers ou professionnels ; on distingue les plateformes de dons (Ulule, KissKiss Bank...), de prêts (*crowdlending* tel que Lendis) ou de financement sous forme d'*Equity* (ex. : Sowefund) ;
– les Insurtech telles que Fluo (un comparateur), Otherwise (assurance collaborative) ou encore Alan (assurance santé digitale) ; on notera qu'en 2021, les partenariats se sont multipliés (N26 et Simplesurance, Ma French Bank et Lovys, Revolut et Qover, etc.) ;
– les Regtech proposant des solutions technologiques répondant aux contraintes réglementaires ou de conformité des banques pour la connaissance des clients (KYC – *Know Your Customer*) telles Fortia ou Neuroprofiler.

Parmi ces entreprises, certaines ont le statut de banque (N26, Atom Bank...), certaines sont agréées par les régulateurs ; d'autres peuvent être établissements de paiement, prestataires ou conseillers en investissements ou encore sociétés de gestion de portefeuille (tels les robo-advisors).

On remarquera que N26, neo-banque allemande, dépasse le nombre de 5 millions de clients dans le monde, sur un panel de 20 pays ; l'objectif de son fondateur et directeur est d'atteindre 100 millions de clients.

BPI France classe les Fintech de la manière suivante (BPI France – Disrupter la banque pour la sauver, 27 juin 2016) :

– services de paiement : transfert d'argent (Paytop, Afrimarket), paiements mobiles (Lydia Solutions, TagPay), gestionnaires de flux de paiement (Lemonway, Limonetik), terminaux de paiement (Famoco, Smile & Pay), paiement *peer-to-peer* (Payname, Monexion), cagnottes en ligne (Leetchi, Lepotcommun.fr) ;
– services centrés sur le Big Data : outils de *scoring* et d'aide à la décision (Scaled Risk, Quantcube Technology), gestion de la relation client (Data Publica, Tellmeplus), cybersécurité (TwinPeek, Prim'X Technologies) ;
– services bancaires 2.0 : neo-banques ou plutôt établissements de paiement ou de porte-monnaie électronique (Comptes Nickel), agrégateurs de comptes (Bankin' – le plus ancien et le plus gros / 4 millions d'usagers, Linxo détenu depuis 2020 par le Groupe Crédit Agricole – deuxième agrégateur français avec 3 millions d'usagers) ;

– services de financement et d'investissement : financement participatif (Lendix, Unilend, SmartAngels), robo-advisors (Advize, Yomoni), affacturage (Finexkap, Creancio) ;
– services aux entreprises : services financiers (Blocktech comme Celibaz ou Stratumn, ou conformité comme Fortia ou Actimize), entreprises (gestion de trésorerie comme Kyriba ou Aston iTrade Finance, ou outils d'optimisation des performances financières comme Tsar).

Enfin, certaines prestations de Fintech s'effectuent grâce à une technologie spécifique dont la plus connue est la *blockchain*.

Selon le site Blockchainfrance, la *blockchain* est une technologie de stockage et de transmission d'informations, transparente, sécurisée et fonctionnant sans organe central de contrôle.

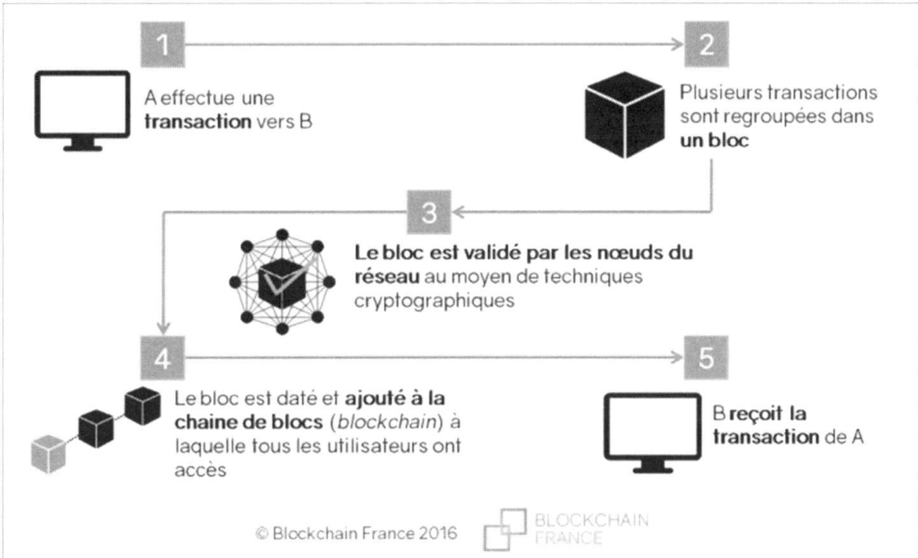


Source : *https://blockchainfrance.net*

**Focus sur Madre, première *blockchain* d'une banque centrale**

Madre est une *blockchain* interbancaire développée par la Banque de France pour recenser les identifiants créanciers SEPA depuis décembre 2017. Elle offre une saisie directe des demandes d'identifiants par les banques et une diffusion en temps réel des identifiants créés.

## Pour une séparation des métiers ou non

Depuis la crise financière, un débat international s'est engagé quant à la refonte de gouvernance de la finance mondiale. Trois réformes potentielles se sont affrontées : les règles Volcker aux États-Unis, les règles Vickers en Grande-Bretagne, les propositions Liikanen en Europe. La *Volcker Rule* (adoptée le 10 décembre 2013 par les régulateurs américains) interdit aux banques toute activité de trading pour compte propre, le rapport Vickers prône un cantonnement de la banque de détail.

En Europe, le rapport ***Liikanen*** prône une séparation légale entre activités classiques et activités de trading à haut risque, notamment les activités pour compte propre et certaines autres activités liées aux marchés de titres et dérivés. Ces activités seraient regroupées dans une entité séparée (banque ou société d'investissement) et dotées de capitaux propres.

En France, les banques et certaines grandes entreprises sont fortement opposées à la séparation des métiers. Le modèle de banque universelle française a montré sa résilience et, contrairement au Royaume-Uni ou aux États-Unis, il n'y a eu ni sollicitation du contribuable ni surcoût budgétaire pour l'État. Pour certains, la séparation de la BFI et du *retail* conduirait à un affaiblissement des banques et un renchérissement du crédit. Sans la garantie implicite de l'État qui disparaîtrait avec la séparation, la BFI des grandes banques françaises ne peut plus fonctionner. En effet, 40 % du bilan des BFI relèvent d'instruments utilisés pour immuniser le bilan de la banque de détail contre le risque de change ou de taux. Pour autant, les banques françaises semblent prêtes à se séparer de certaines activités qui relèvent du *shadow banking*.

La scission des activités aurait un impact direct sur le financement des entreprises car le resserrement des conditions de crédit pousserait les entreprises à s'orienter davantage vers les marchés, les établissements étrangers ou le *shadow banking*. Par ailleurs, il pourrait y avoir un changement dans les relations banque-entreprises : les grosses PME ou les ETI pourraient être traitées par la BFI chez certaines banques, alors que dans d'autres elles resteraient dans le giron de la banque de détail avec un accès plus limité au marché. *Ipso facto*, les particuliers risquent de supporter également une partie du coût de la séparation des activités bancaires et de bénéficier de conditions moins avantageuses pour les prêts.

Le débat sur l'avenir du *business model* des banques reste ouvert. La loi du 26 juillet 2013 sur la séparation et la régulation des activités bancaires est peut-être un premier pas vers l'assainissement de la finance mais elle reste circonscrite à la France. Nonobstant, les banques françaises ont montré leur résilience ; le modèle de banque universelle a permis de passer la crise bancaire sans faillite de banque (hormis le cas très particulier de Dexia). La lutte contre le blanchiment des capitaux, la limitation des positions sur les marchés dérivés ou encore l'interdiction du trading haute fréquence, en plus de la séparation des activités bancaires sont indispensables pour éviter les dérives de la finance – à condition toutefois que tous les pays adoptent les mêmes règles ! –, et concourent à remettre la finance au service de l'économie réelle et de la société.

## 2 Pour une finance au service de l'économie

La banque en particulier, la finance en général, doit être remise au service de l'économie. La banque doit donc financer l'économie réelle et pour cela il faut revaloriser les métiers de la banque de détail d'une part et border la finance débridée depuis la financiarisation à outrance des économies.

Des progrès incontestables ont été faits depuis la crise de 2008. Les banques ont davantage sécurisé leur bilan, elles montrent leur résilience au fil des séries de *stress tests*. Mais il faut aller plus loin. Il faut unifier les réglementations sur le plan mondial, tout autant qu'il faut réglementer tous les acteurs financiers, y compris les *hedge funds* et autres intermédiaires.

La finance doit être plus verte et plus inclusive. Lorsqu'on parle de critères ESG, le réflexe porte sur le E comme écologie, mais le S comme social et le G comme gouvernance doivent être pris en compte.

Le E progresse incontestablement. On notera la taxonomie européenne, outil de classification des activités vertes et durables à destination des acteurs financiers afin qu'ils tracent et orientent leurs investissements afin d'éviter notamment le *greenwashing*. Mais il faut aller plus loin encore. Sans aucun doute, faut-il aller vers les ODD (objectifs de développement durable) déterminés par les Nations Unies dans le cadre de son Agenda 2030, à l'instar de Schneider-Electric : l'entreprise a été déclarée par Corporate Knights, lors du Forum de Davos en janvier 2021, l'entreprise la plus durable au monde, 70 % de son chiffre d'affaires est considéré comme issu d'activités vertes au sens de la taxonomie européenne en même temps que l'entreprise développe des activités inédites pour elle – protection des océans par exemple – activité alors alignée sur les ODD !

Et si l'une de nos grandes banques françaises en faisait de même !

Le 15 septembre 2008, Lehman Brothers faisait faillite, donnant le signal d'un effondrement du système financier mondial – dont les facteurs s'accumulaient depuis 40 ans – évité de peu grâce à l'intervention des banques centrales et de certains États.

Aujourd'hui, alors que le monde entier combat la Covid-19, élément exogène au système financier, a conduit à remettre les banques au centre de l'économie mondiale. Les banques sont la solution.

Les banques françaises, dans la continuité de la loi PACTE, ont édicté courant 2018 leur raison d'être :

- BNP-Paribas déclare : « nous sommes au service de nos clients et du monde dans lequel nous vivons » ;
- la Société Générale affiche vouloir « construire ensemble avec nos clients, un avenir meilleur et durable en apportant des solutions responsables et innovantes » ;
- le Crédit Agricole souhaite « agir chaque jour dans l'intérêt de nos clients et de la société ».

En octobre 2020, le Crédit Mutuel Alliance est devenu la première banque à mission, les objectifs sociaux et environnementaux sont inscrits dans ses statuts. Au titre de sa raison d'être « Ensemble, écouter et agir », la banque mutualiste a intégré 5 missions dans l'objet social de la Caisse Fédérale de Crédit Mutuel et du CIC :

- « Organisation coopérative et mutualiste, nous accompagnons nos clients et sociétaires au mieux de leurs intérêts.
- Banque de tous, sociétaires et clients, salariés et élus, nous agissons pour chacun et refusons toute discrimination.
- Respectueux de la vie privée de chacun, nous mettons la technologie et l'innovation au service de l'humain.
- Entreprise solidaire, nous contribuons au développement des territoires.
- Entreprise responsable, nous œuvrons pour une société plus juste et plus durable. »

Gageons qu'elles sachent toutes remplir leur rôle sociétal de financement d'une économie verte et inclusive.

Chapitre 7

# Glossaire

*Nous présentons ci-dessous un glossaire reprenant les principaux termes ou concepts utiles pour comprendre la sphère financière et bancaire actuelle.*

### Actif toxique

Apparu avec la crise financière de 2007, le terme d'actif toxique désigne un actif invendable car trop risqué pour intéresser un acheteur potentiel.

### Agences hypothécaires

Les agences hypothécaires sont des agences du gouvernement américain (GSE – *Government Sponsored Enterprises*) ayant pour objet la promotion de l'accès à la propriété grâce au développement d'un marché hypothécaire secondaire. À cette fin, elles achètent et garantissent les hypothèses *via* les MBS – *Mortgage Backed Securities*. Les deux plus anciennes et importantes agences sont Fannie Mac et Freddie Mae (qui ont été placées sous la tutelle de l'État américain fin 2008).

### Agrégateur de comptes

Interface unique permettant de visionner et gérer plusieurs comptes d'un client issus de banques différentes (site internet dédié à l'agrégation ou via une application interne d'une banque).

### AIG

American International Group est la plus grande compagnie d'assurances du monde que la Fed a secourue le 16 septembre 2008 en lui accordant une aide de 85 Mds $ au nom du principe du *Too big to fail*. AIG était en effet un acteur très important sur le marché des CDS.

### API – *Application Programming Interface*

Interface permettant des échanges sécurisés de données bancaires.

### AQR

La revue de qualité des actifs (AQR – *Asset Quality Review*) est une étape des stress tests utilisée pour rendre transparente la résistance des banques et faire état des actifs toxiques que les banques pourraient encore avoir en portefeuille.

### Austérité

Une politique d'austérité, ou politique de rigueur, est une politique économique qui consiste en une hausse de la fiscalité concomitante et à une baisse des dépenses publiques mise en œuvre pour réduire les déficits publics.

### *Bad bank*

Une *Bad bank*, appelée également structure de *defeasance*, est une entité juridique créée spécifiquement pour accueillir les actifs toxiques, qui seront potentiellement revendus, ensuite, à des établissements financiers afin d'assainir les bilans de ces établissements.

### *Bail-in* (renflouement interne)

Principe selon lequel les « gros » dépôts peuvent faire l'objet de prélèvements pour sauver la banque le cas échéant.

### Bâle III

Nouvelles réglementations édictées en septembre 2010 par le Comité de Bâle, instance émanant de la Banque des Règlements Internationaux ; ces réglementations reposent sur un durcissement du ratio de fonds propres à respecter par les banques et sur la mise en place de deux ratios de liquidité.

### *Bank run*

Un *bank run*, ou panique bancaire, est un phénomène assis sur une demande massive de retrait d'argent sur les comptes des clients d'une banque, qui amène éventuellement à la transformation d'un risque d'illiquidité en un risque d'insolvabilité pour ladite banque.

### Banque centrale

Une banque centrale est l'autorité monétaire centrale d'un pays ou d'une zone monétaire dotée du pouvoir d'émission des billets ; elle met en œuvre la politique monétaire, gère les réserves de change et intervient potentiellement comme prêteur en dernier ressort. Elle est la banque des banques.

### Banque de détail

La banque de détail, ou banque de réseau, ou *Retail banking*, est un des métiers d'une banque qui consiste à effectuer des opérations traditionnelles (gestion de comptes, crédits...) à destination de la clientèle des particuliers, des professionnels ou des petites entreprises.

### Banque des règlements internationaux

La Banque des Règlements Internationaux, BIS – *Bank of International Settlements* –, est un organisme supranational créé en 1930 à Bâle, dont les actionnaires sont les banques centrales. Elle abrite le Comité de Bâle, instance qui édicte la réglementation bancaire en vue de superviser et sécuriser les systèmes bancaires, via les ratios dits de Bâle I, Bâle II et Bâle III.

### Banque universelle

Une banque est dite universelle lorsqu'elle exerce toutes les activités de banque, sans être spécialisée sur tel ou tel métier.

### BFI

On entend par BFI – Banque de financement et d'investissement –, ou CIB – *Corporate and Investment Bank* –, les activités d'intermédiation et les activités dites de haut de bilan et de conseil pour les très grandes entreprises mais également les activités de marchés de capitaux. Il est parfois fait la distinction entre banque d'investissement (activités de marché) et banque d'affaires (activité de financement *Corporate*, État, collectivité).

### Blanchiment

Le blanchiment de capitaux est le retraitement des produits d'origine criminelle pour cacher l'origine illégale.

### *Blockchain*

La *blockchain* est une technologie de stockage et de transmission d'informations à coût minime, sécurisée, transparente, et fonctionnant sans organe central de contrôle.
Par extension, elle désigne une base de données sécurisée et distribuée (car partagée par ses différents utilisateurs) contenant un ensemble de transactions dont chacun peut vérifier la validité. Une *blockchain* peut donc être assimilée à un grand livre comptable public, anonyme et infalsifiable (source : blockchainfrance.net).

### Bonus

Le bonus est la partie variable de la rémunération des collaborateurs d'une banque, indexée sur les résultats de l'établissement en général ou des activités de trading en particulier.

### Bulle

On parle de bulle financière ou immobilière, ou bulle spéculative, lorsque le cours des actifs augmente considérablement et le plus souvent à des niveaux particulièrement élevés eu égard à la valeur intrinsèque ou réelle des actifs, et qui finit par éclater.

### CDO

Un CDO – *Collateral Debt Obligation* – est un titre représentatif d'actifs financiers de natures diverses. C'est un produit dit structuré issu d'un montage de titrisation fait pour transférer le (les) risque(s) de ces actifs.

### CDS

Un CDS – *Credit Default Swap* – est un contrat conclu entre un acheteur d'assurance contre le défaut d'un émetteur et un vendeur qui s'engage à rembourser cet acheteur en cas de défaillance dudit émetteur. Le prix du CDS prend alors en compte la probabilité de défaut de l'émetteur du sous-jacent et l'espérance du pourcentage de recouvrement à un horizon de temps donné.

**Chypre**

Le 25 juin 2012, Chypre demande l'aide de la zone euro ; le 16 mars 2013, l'Union européenne donne son accord pour un prêt de 10 Mds € en contrepartie d'une taxe sur les dépôts bancaires, l'accord est rejeté, sous cette forme, le 19 mars 2013 par le Parlement chypriote ; il est accepté le 25 mars 2013 sous certaines conditions (Bank of Cyprus) doit reprendre les dépôts inférieurs à 100 000 € et garantis par l'Union européenne de Laiki Bank ; une ponction de 3 % sur les dépôts supérieurs à 100 000 € est convenue ; un rééchelonnement du prêt par la Russie (2,5 Mds €) est prévu de 2016 à 2021 ; le gouvernement s'engage à faire revenir la taille du système bancaire dans la moyenne zone euro, soit 350 % du PIB).

**Confiance**

Le mot crédit a pour origine étymologique le verbe *credere* qui signifie croire, faire confiance. « La confiance a le temps pour mesure : qu'il s'agisse pour un banquier de consentir un prêt à un client, pour un fournisseur d'accorder un délai de paiement », selon J. J. Burgard dans l'Encyclopédie Universalis.

***Core Tier 1***

Le Core Tier 1, ou CET 1 – *Common Equity Tier 1* – ou fonds propres durs, est constitué des actions assimilées uniquement, excluant les titres hybrides.

***Covered bond***

Obligation sécurisée, instrument émis par un établissement financier adossé à des prêts immobiliers ou commerciaux (*cover poll*).

***Credit crunch***

On entend par *credit crunch*, ou rationnement du crédit, le fait que les banques durcissent leurs conditions de crédit impliquant des exigences plus fortes de la part des entreprises financées et une éventuelle diminution des encours alloués.

**Crypto-monnaie**

Monnaie électronique échangée sur Internet, la plus connue étant le Bitcoin.

**Défaut de paiement**

C'est le non-respect du contrat liant un État ou une entreprise et ses créanciers. Le débiteur n'est pas en mesure de respecter ses échéances ; les premiers signes peuvent avoir lieu avec la notion d'incident de paiement.

### *Defeasance*

La défaisance, ou *defeasance*, consiste en ce qu'un emprunteur cède simultanément une dette et un portefeuille d'actifs à une société spécifiquement créée. Il y a alors sortie du bilan des titres et dettes cédées, et la technique permet de faire table rase du passé comptable.

### Déficit

Selon l'Insee, le « déficit public correspond au besoin de financement des administrations publiques auquel est ajouté le solde des gains et des pertes des opérations sur *swaps* (produits dérivés). Le besoin de financement est le solde du compte de capital : il intègre non seulement les dépenses courantes de fonctionnement et les opérations de redistribution, mais aussi les dépenses en capital, l'investissement ainsi que les transferts en capital et les impôts en capital ».

### *Deleverage*

Le *deleverage* est la diminution du levier d'endettement requis par les autorités pour les banques qui doivent alors, à montant de fonds propres identiques, limiter leur distribution de crédit ou vendre certains actifs, ou si elles souhaitent maintenir leur activité, augmenter leurs fonds propres en conséquence.

### Désintermédiation

La désintermédiation correspond à la notion d'économie de marché telle que définie par J. Hicks en 1974, dans laquelle les entreprises vont se financer sur les marchés de capitaux. La banque n'est alors plus l'intermédiaire obligé pour trouver les moyens de financement.

### Dette souveraine

Dette émise par un émetteur souverain, un État ou une banque centrale.

### Dexia

Dexia est issu de la fusion, en 1996, du Crédit Local de France et du Crédit Communal de Belgique. Face aux difficultés de sa filiale américaine FSA – Financial Securities Assurance (rehausseur de crédit) –, Dexia lui accorde un prêt de 5 Mds $ en juillet 2008. En octobre 2008, les États belge et français recapitalisent Dexia pour 6 Mds €, puis en octobre 2011, l'État belge rachète Dexia Banque, après le démantèlement du groupe (Dexia Banque devient Belfius).

Le 31 décembre 2012, les États recapitalisent Dexia à hauteur de 5,5 Mds €, et le groupe est définitivement démantelé : cession de DMA – Dexia Municipal Agency à l'État, la Caisse des Dépôts et Consignations et à La Banque Postale.

Puis il y a création d'un nouvel ensemble d'établissements de crédit publics SFIL/CAFFI : la Caffil est la filiale de la Sfil – Société de financement local –, devenue nouvelle banque dont le rôle est de financer les collectivités locales, elle est détenue par l'État (75 %), la CDC (20 %) et la Banque

Postale (5 %). Le 9 juillet 2013, la nouvelle entité émettait son premier emprunt obligataire pour 1 Md € au taux de 1,75 % pour 7 ans.

### DTS

Un DTS est un droit de tirage spécial, unité de compte du FMI. Il a été créé en 1969 pour compléter les réserves de change officielles des pays membres du FMI. Sa valeur est basée sur un panier de devises (à ce jour, euro, dollar, livre, yen).

### Effet de levier

L'effet de levier est un indicateur du recours à l'endettement et de son impact sur la rentabilité financière d'une entreprise pour une rentabilité économique donnée.

### *Eurobonds*

Les *eurobonds*, ou euro-obligations, sont des emprunts que certains politiques souhaiteraient utiliser pour sortir de la crise des dettes souveraines européennes en mutualisant les coûts afin de limiter la spéculation sur les obligations des États les plus fragiles. Elles seraient émises en commun par les pays de la zone euro sur les marchés, permettant à ces pays fragiles de se refinancer moins cher.

### Eurogroup

L'Eurogroup est une enceinte de discussion spécifique, qui a été créée au Conseil européen d'Amsterdam (juin 1997), et décrite dans les conclusions du Conseil européen de Luxembourg, de décembre 1997 comme tel : « (...) Les ministres des États participant à la zone euro peuvent se réunir entre eux de façon informelle pour discuter de questions liées aux responsabilités spécifiques qu'ils partagent en matière de monnaie unique. La Commission, ainsi que, le cas échéant, la Banque Centrale Européenne, sont invitées à participer aux réunions. Chaque fois que des questions d'intérêt commun sont concernées, elles sont discutées par les ministres de tous les États membres. (...) ». (UE)

### Europe bancaire

Le sommet européen de juin 2012 a décidé de mettre en place un système de supervision bancaire unique pour la zone euro. L'union bancaire prévoit une surveillance via un comité géré par la BCE, un processus intégré de gestion des crises et une unification totale du mécanisme de garantie des dépôts. La position du Conseil européen sur la surveillance a été arrêtée le 13 décembre 2012 et la mise en place du mécanisme de surveillance unique est prévue pour le 1er mars 2014. Le MSU doit désormais surveiller les 130 plus grandes banques européennes.

### Faillite d'entreprise

Une faillite a lieu d'être lorsque l'entreprise est incapable de faire face à sa dette. Elle est alors mise en cessation de paiement (ou dépôt de bilan comme indiqué dans l'ancienne loi de 1967).

### Faillite d'État

« Au sens juridique du terme, à la différence d'une entreprise ou d'un ménage, un État ne peut pas faire faillite, puisque la cessation de paiement conduisant à la saisie des biens du débiteur par les créanciers (la liquidation judiciaire) est inenvisageable, que son existence est potentiellement infinie et que ses moyens de coercition existent (capacité à lever de nouveaux impôts) ». (Karyotis et *al.*, 2013).

### *Fair value*

La *fair value*, ou juste valeur, est une technique de valorisation des actifs sur la base d'une valeur marché. Cette technique a été rendue obligatoire par l'International Accounting Standards Board pour la comptabilisation de tous les instruments financiers.

### FCT

Le FCT – Fonds commun de titrisation, ex-FCC – Fonds commun de créance, est une structure *ad hoc* créée pour accueillir les créances cédées par un établissement de crédit ou une entreprise qui procède à une opération de titrisation.

### FESF

Le FESF – Fonds européen de solidarité financière – a été créé en 2010 pour aider les pays membres de la zone euro en difficultés financières. Le total des aides avait été fixé à 250 Mds € puis relevé à 440 Mds € le 21 juillet 2011. Au total, 750 Mds € peuvent être mobilisés pour les pays en difficulté, grâce au FMI et à la Commission européenne. Le MES lui a succédé.

### FMI

Le FMI – Fonds monétaire international –, créé en 1944 à Bretton Woods, a pour objectif de « veiller à la stabilité du système monétaire international, en d'autres termes, le système international de paiements et de change qui permet aux pays de procéder à des échanges entre eux. Ce système est essentiel pour promouvoir une croissance économique durable, améliorer les niveaux de vie et réduire la pauvreté. Le mandat du FMI a été clarifié et rénové récemment pour être étendu à l'ensemble des questions macroéconomiques et financières ayant une incidence sur la stabilité mondiale » (*www.imf.org*).

### *Forward Guidance*

Les *forward guidances* consistent en ce que les banques centrales communiquent en amont sur les orientations de leur politique monétaire.

### G20

Le G20 – Groupe de 19 pays (Afrique du Sud, Allemagne, Arabie Saoudite, Argentine, Australie, Brésil, Canada, Chine, Corée du Sud, États-Unis, France, Inde, Indonésie, Italie, Japon, Mexique,

Royaume-Uni, Russie, Turquie) et de l'Union européenne créée en 1999 –, a pour objectif de favoriser la stabilité financière.

### Garantie des dépôts

Le Fonds de Garantie des Dépôts, créé par la loi du 25 juin 1999, a pour objectif de garantir les dépôts bancaires, sous conditions et jusqu'à concurrence de 100 000 €, si une banque ne peut plus faire face à ses engagements. Il garantit également les titres des clients des entreprises d'investissement jusqu'à concurrence de 70 000 € et les cautions au bénéfice des clients des organismes de cautions obligatoire.

### Gestion d'actifs

On appelle gestion d'actifs, la gestion de portefeuille pour compte de tiers au travers de véhicules tels les fonds d'investissement ou organismes de placement collectif.

### *Glass Steagall Act*

Le *Glass Steagall Act* est une loi de 1933 passée aux États-Unis pour séparer les activités de banque d'investissement ou d'affaires et de banque commerciale. Il avait été aboli en 1999 par le *Gramm-Leach-Bliley Act* pour permettre la fusion entre Citicorp et Travelers Group.

### *Golden parachute*

Un *golden parachute* s'applique à un dirigeant qui doit percevoir une indemnité en cas de rupture de son contrat avec une entreprise (indemnité de départ, stock-options, etc.).

### Gouvernance

Selon F. Stiglitz (2006), « la gouvernance est l'instance qui définit en fonction des intérêts de quelle partie prenante les décisions sont prises ».

### *Hedge fund*

Un *hedge fund* est un fonds spéculatif car jouant sur l'effet de levier et utilisant les produits dérivés pour maximiser la rentabilité.

### IFRS

Les normes IFRS – *International Financial Reporting Standards* – sont les normes comptables édictées par l'IASB – *International Accounting Standards Board* – et entrées en vigueur en 2005 pour les entreprises cotées. La norme la plus importante est l'IAS 39 (cf. *fair value*).

### Illiquidité

L'illiquidité est la caractéristique d'un actif qui ne peut être revendu par absence de contrepartie sur le marché.

En technique bancaire, l'illiquidité signifie qu'une banque est incapable de faire face à des demandes de retraits.

### Intermédiation

L'intermédiation, pour une banque, consiste en la collecte des dépôts et l'accord des crédits.

### IOBSP – Intermédiaire en opérations de banque et en services de paiement

Intermédiaire autorisé par la loi du 22 octobre 2010 à « présenter, proposer ou aider à la conclusion des opérations de banque ou des services de paiement ou à effectuer tous travaux et conseils préparatoires à leur réalisation ».

### Kerviel

Le 24 janvier 2008, la Société Générale annonce une perte de 4,9 Mds € sur des activités de trading. Le 28 janvier, le trader J. Kerviel est mis en examen et écroué le 8 février. Le 4 juillet 2008, la Commission bancaire (ACPR) inflige un blâme et une amende de 4 Mds € à la banque pour carence du système de contrôle interne. Le 31 août 2009, J. Kerviel est renvoyé seul devant le Tribunal correctionnel de Paris pour abus de confiance, faux et usage de faux. Le 25 juin, 2010, à l'issue du procès, le parquet requiert 5 ans de prison, dont 4 ferme pour le trader qui est reconnu, le 5 octobre, seul responsable de la perte et coupable de tous les chefs retenus contre lui. Il est condamné à 5 ans de prison dont 3 ferme et à des dommages et intérêts de 4,9 Mds €.

Le 10 juillet 2013, J. Kerviel dépose plainte contre la Société Générale pour escroquerie au jugement ; il ouvre ainsi un quatrième front judiciaire contre la banque, après un pourvoi en cassation, une audience devant le conseil de prud'hommes et une plainte pour faux et usage de faux.

### Krach

Effondrement des cours de bourse ou des prix.

### LCR

Le LCR – *Liquidity Coverage Ratio* – est un ratio de liquidité mis en place par Bâle et qui a lieu pour vérifier que la banque est capable de subvenir à ses besoins pendant un mois en cas de défaillance du marché. Sa formule est la suivante :

Actifs liquides / Flux sortants – [min (flux entrants ; 75 % des flux sortants)] à 1 mois ≥ 100 %

### Lehman Brothers

Lehman Brothers était une banque d'affaires américaine qui a été placée sous le chapitre 11 de la loi des faillites le 15 septembre 2008.

### LIBOR

Le LIBOR – *London Interbank Offered Rate* –, est le taux du marché monétaire observé entre les plus grandes banques à Londres. Il est égal à la moyenne arithmétique des taux offerts pour une échéance comprise entre 1 et 12 mois et pour une devise donnée (euro, livre, dollar).

En juillet 2012, Barclays a admis avoir manipulé le taux entre 2005 et 2009, remettant de facto en cause la construction même de ce taux qui sert pourtant de référence à de nombreux produits dérivés de taux.

### LTRO

Les LTRO – *Long Term Refinancing Operations* –, ou opérations de refinancement à plus long terme, sont un des instruments de la politique monétaire de la BCE. Elles permettent l'attribution de liquidités sur un horizon de 3 mois en temps normal, passé à 6 mois puis un an puis 3 ans pendant la crise.

Depuis 2014, on parle également de **TLTRO** (*Targeted longer-term refinancing operations*).

### Marché interbancaire

Le marché interbancaire est une composante du marché monétaire, marché des capitaux à court et moyen termes. Il est exclusivement réservé aux banques et à la banque centrale. C'est le marché sur lequel les banques commerciales se refinancent entre elles ou auprès de leur banque centrale.

### Marge d'intermédiation

La marge d'intermédiation est la différence entre la rémunération des emplois et le coût des ressources, c'est un différentiel de taux d'intérêt.

### MES

Le MES – Mécanisme européen de stabilité – est le fonds de sauvetage européen remplaçant le FESF de façon permanente. Il peut intervenir sur les marchés pour limiter le coût d'emprunt des États membres en difficulté et recapitaliser directement les banques. Sa capacité de prêts est à ce jour de 500 Mds €.

### MBS – *Mortgage Backed Securities*

Les MBS sont des titres adossés à des créances hypothécaires.

### Microfinance

La microfinance regroupe l'offre de produits et de services financiers destinés aux populations pauvres exclues des systèmes financiers traditionnels.

### *New Century Financial*

New Century Financial Corporation était une banque hypothécaire américaine. Sa faillite, en date du 2 avril 2007, restera emblématique du démarrage de la crise des *subprimes*.

### Neo-banque

Banque mobile, souvent digitale, ayant obtenu l'agrément d'établissement de crédit (depuis avril 2021, les établissements de paiement ou établissements de monnaie électronique ne sont plus des neo-banque au sens strict du terme).

**NFSR**

Le NFSR – *Net Stable Funding Ratio* – est l'un des deux ratios de liquidité à respecter pour vérifier que la banque peut couvrir ses besoins à l'horizon d'une année dans l'hypothèse d'un marché interbancaire inexistant.

Sa formule est la suivante : Ressources stables / Besoin de financements stables ≥100 %.

**OMT**

L'OMT – *Outright Monetary Transactions* – consiste en ce que la BCE achète aux banques, donc sur le marché secondaire, des obligations souveraines émises par les États en difficulté.

**Paradis fiscal**

Selon l'OCDE, quatre éléments caractérisent un territoire qualifiable de paradis fiscal : absence ou quasi-absence d'impôts, possibilité de mise en place de société écran pouvant développer des activités fictives, opacité et secret.

**Politique de relance**

Une politique de relance est un ensemble de mesures de politique économique reposant sur les dépenses publiques ayant pour objet une relance économique.

**Politiques monétaires non conventionnelles**

Les politiques monétaires non conventionnelles sont des politiques exceptionnelles rendues indispensables car les canaux de transmission classiques ne fonctionnent plus. On parle alors de trois méthodes possibles : augmentation de la quantité de monnaie en circulation (*quantitative easing*), action sur la courbe de taux pour faire baisser les taux longs et assouplissement des conditions de crédit (*credit easing*).

**Prêteur en dernier ressort**

Un PDR – prêteur en dernier ressort – est un des rôles remplis par les banques centrales qui consiste à sauver un établissement financier en situation d'illiquidité pour éviter son insolvabilité.

**Procyclicité**

Variabilité excessive d'un facteur aux fluctuations du cycle économique.

***Rating***

Le rating, ou notation, est une évaluation donnée par une agence (Standard & Poor's, Moody's ou Fitch pour les trois principales) du risque de défaut d'un émetteur (État, entreprises, etc.) ou d'un produit structuré tel que les supports de titrisation.

**Ratio de levier**

Le ratio de levier rapporte les fonds propres d'une banque à son total de bilan. Il doit être égal à 3 %.

**Récession**

Ralentissement du rythme de croissance économique, et ce pendant deux trimestres consécutifs.

**Rééchelonnement**

Modification du calendrier et/ou des conditions de remboursement d'une dette.

**REFI**

Le REFI est un des taux directeurs de la BCE, c'est le taux principal de refinancement qui permet d'attribuer les trois quarts de la liquidité dont ont besoin les banques commerciales.

**Rehausseur de crédit**

Un rehausseur de crédit, ou *monoliner*, est un établissement financier qui apporte sa garantie à un émetteur d'obligations sur les marchés financiers afin que celui-ci puisse profiter de taux d'emprunt plus bas.

**Règle d'or**

Discipline budgétaire. Dans la zone euro, il s'agit d'un projet de loi constitutionnelle pour inscrire le retour à l'équilibre des comptes publics dans la constitution européenne.

**Répression financière**

La répression financière englobe l'obtention par l'État de prêts préférentiels auprès de publics nationaux captifs (tels que les fonds de pension ou les banques nationales), le plafonnement explicite ou implicite des taux d'intérêt, la réglementation des mouvements de capitaux transnationaux et, plus généralement, le resserrement des liens entre l'État et les banques, par une participation publique explicite ou par une lourde « pression morale » (Reinhart 2012).

**Risque de marché**

Le risque de marché est un risque sur le prix des actifs. C'est un risque de dépréciation et de perte avérée s'il y a vente.

**Risque souverain**

Le risque souverain, ou risque pays, est un risque de contrepartie. Il naît lorsqu'il existe des créances ou engagements sur des débiteurs résidents dans des pays concernés par un rééchelonnement ou un effacement de la dette souveraine.

**Risque systémique**

Le risque systémique naît lorsqu'un opérateur n'est pas en mesure d'honorer ses engagements, entraînant des défaillances en chaîne, et mettant *de facto* en difficultés l'ensemble des acteurs du marché.

***Shadow banking***

Le *shadow banking*, selon le Conseil de la stabilité financière, est un système d'intermédiation de crédit auquel concourent des entités et activités extérieures au système bancaire régulé.

**SMP**

Le SMP – *Securities Markets Program* – est un programme permettant aux banques centrales nationales de la zone euro d'acheter des obligations souveraines des États membres pour faire baisser les taux d'emprunt des pays.

**Spéculation**

Opération financière dont l'objet est de parier sur la fluctuation des cours pour réaliser un gain d'argent considérable.

***Spread***

Écart de rendement entre deux actifs financiers.

**SPV**

Un SPV – *Special Purpose Vehicle* – est l'équivalent américain du FCT en France pour les opérations de titrisation.

**Stérilisation**

La stérilisation est l'ensemble des mesures prises par une Banque centrale pour limiter les conséquences sur la masse monétaire suite à ses interventions sur le marché monétaire.

***Stress test***

Un *stress test*, ou test de résistance, est un test mettant les banques en situation extrême en matière d'économie afin de vérifier qu'elles ont suffisamment de réserves en capital pour absorber ce choc.

***Subprimes***

Les *subprimes* sont des prêts hypothécaires accordés aux États-Unis à des ménages à solvabilité réduite. On les oppose aux *primes*, prêts de première qualité.

**Taux directeurs**

Les taux directeurs sont les taux pratiqués par les banques centrales lorsqu'elles accordent des liquidités. Ils sont utilisés comme instruments de politique monétaire.

**Taxe sur les transactions financières**

La France a mis en place une taxe sur les transactions financières à partir de 2012 à hauteur de 0,2 % du montant brut de la transaction portant sur les titres de capital des sociétés de droit français dont la capitalisation boursière est supérieure à 1 Md€.

**Titrisation**

Cession de créances par une entreprise ou une banque pour les loger dans un fonds commun de titrisation.

***Tiering***

Système mis en place par la BCE pour limiter l'impact des taux négatifs pour les banques qui repose sur des paliers de rémunération des excédents de liquidité. Il s'agit d'un taux modulable.

***Too big to fail***

La notion de « *too big to fail* » signifie « trop gros pour faire faillite » ; sont considérés comme tel 29 établissements financiers dans le monde pour lesquels les ratios Bâle III seront plus drastiques.

**Traçabilité**

Possibilité de retrouver une créance qui a fait l'objet d'un montage dans une opération de titrisation et de structuration de produits.

**Trading haute fréquence**

Le trading haute fréquence est une technique qui permet de transmettre automatiquement et à très grande vitesse des ordres sur les marchés, sans aucune intervention humaine, grâce à des algorithmes.

**Troïka**

La Troïka désigne l'Union européenne, la BCE et le FMI, les instances chargées de superviser la mise en place des mesures d'austérité par les gouvernements (grec notamment) à la suite des prêts d'urgence accordés par le FMI et l'Union européenne.

**Union bancaire**

Entrée en vigueur le 4 novembre, l'Union bancaire a pour objet de limiter l'effet vicieux entre faillites de banques et intervention des États. L'Union repose sur la supervision unique par la BCE des plus grandes banques, la résolution des crises bancaires (principe de *bail-in*, les acteurs privés et internes renflouent les banques en difficulté, grâce notamment au fonds de résolution) et la garantie des dépôts.

**Vente à découvert**

Vendre à découvert consiste à vendre un actif sans l'avoir en portefeuille dans l'objectif de le racheter moins cher pour obtenir une plus-value.

**Volatilité**

Mesure de la dispersion des cours d'une valeur.

# BIBLIOGRAPHIE


– Karyotis (C.), *L'essentiel de la Bourse et des Marchés de capitaux*, 9e éd., 2021, Gualino-Lextenso.

– Karyotis (C.) et al., *La crise en 40 concepts clés*, 2013, RB Éditions.

– Monnier (P.), Mahier-Lefrançois (S.), *Techniques bancaires*, 2021, Dunod.

– Vernier (E.), *Techniques de blanchiment et moyens de lutte*, 4e éd., 2017, Dunod.

FSC
www.fsc.org
MIXTE
Papier issu
de sources
responsables
FSC® C022829

IMPRIM'VERT®

Imprimé en France par La Nouvelle Imprimerie Laballery,
58500 Clamecy

Ce produit est composé de matériaux issus de forêts bien gérées certifiées FSC® et d'autres sources contrôlées.

Imprimeur certifié

Achevé d'imprimer en juin 2021
Numéro d'impression : 106271
Dépôt légal : juin 2021